Gert Lüninghöner
Christa Spilling-Nöker

Abraham & Co

Gert Lüninghöner
Christa Spilling-Nöker

Abraham & Co

Biblische Männergeschichten

Herder

Freiburg · Basel · Wien

Umschlagmotiv:
Abraham bei der Opferung Isaaks.
Darstellung in einer Katakombe
aus dem 4. Jahrhundert

Herstellung: Freiburger Graphische Betriebe 1991
ISBN 3-451-22436-4

Inhalt

Kain und Abel

Einer zahlt immer drauf

Wie kommt es, daß Du ein so heiteres Gemüt hast?
Das ist etwas, was mir völlig fehlt:
die Gewißheit, daß es gut ist, daß ich bin,
– und das daraus resultierende Selbstvertrauen,
mir meinen Platz im Leben erobern und
mir fröhlich nehmen zu dürfen,
was ich zum Leben brauche,
was mich glücklich macht.

Lieber Abel!

Endlich habe ich mich aufgerafft, Dir zu schreiben. Ich muß zugeben, daß mir dieser Entschluß nicht leichtgefallen ist, denn sobald ich nur an Dich denke, überkommt mich die Wut. Da hat sich so viel aufgestaut in mir, schon seit Kindertagen; ja, im Grunde begann alles schon bei Deiner Geburt. Ich war noch zu klein, als daß ich mich genau erinnern könnte, aber ich weiß noch, daß plötzlich alles anders war: alles drehte sich nur noch um Dich, das süße Baby. Ich stand daneben. Wenn ich beim Spielen vergnügt herumlärmte, hieß es: sei leise, dein Bruder schläft. Aber wenn Du geschrien hast, lief unsere Mutter gleich, um nach Dir zu schauen und Dich an die Brust zu nehmen. Wenn ich nach Essen und Trinken verlangte, wurde ich auf später vertröstet: erst muß das Baby gefüttert werden. – Irgendwann habe ich dann aufgehört zu schreien, habe meinen Hunger unterdrückt und mich bemüht, nicht mehr unbedacht herumzutollen. Ich hoffte wohl, daß ich durch angepaßtes Verhalten die Liebe unserer Eltern erringen könnte – und wurde dabei immer stiller: Kain, der ‚liebe' Junge. So kam es schließlich, daß sie mich Dir als leuchtendes Beispiel für Bravheit vor Augen gestellt haben. Glücklicher bin ich dadurch allerdings auch nicht geworden, denn ich stand ja nun zunehmend unter dem Druck, mich stets mustergültig benehmen zu müssen. Aber es war wie ein Teufelskreis: je mehr ich mich kontrollierte und zwang, brav und ordentlich zu sein, je mehr ich meine

Lust und meine Lebendigkeit unterdrückte, desto mehr Mißgeschicke passierten mir. Und dann jedes Mal ihre Reaktion: hatte ich wieder ein Spielzeug zerbrochen, so traf mich Mutters stiller, vorwurfsvoller Blick: sie konnte einen ja auf eine so besondere Art ansehen, mit einer Mischung von Traurigkeit und Enttäuschung, daß ich mich gleich noch kleiner, schlechter und schuldiger fühlte als ohnehin schon. Liefen mir vor Kummer und Verzweiflung die Tränen über das Gesicht, so mahnte Vater gleich: ein Junge weint doch nicht, du bist doch kein Säugling mehr. Was immer ich tat, wie ich mich auch verhielt, es war falsch und machte mich immer einsamer.

Ein paar Jahre später fingen sie dann an, mich als Babysitter für Dich einzusetzen: Kain, Du bist doch schon so vernünftig und groß, paß doch mal auf deinen kleinen Bruder auf. Und wieder konnte ich nicht tun und lassen, was ich wollte und was mir Spaß machte: stets mußte ich meines Bruders Hüter sein.

Aber auch, als wir älter wurden, hat sich zu Hause nichts geändert, im Gegenteil, es wurde immer schlimmer: Du konntest machen, was Du wolltest, alles wurde Dir verziehen, – und stets konntest Du Dich in Mutters Arme kuscheln und Dich trösten lassen. Wenn mir aber etwas mißlang, so hatte ich niemanden, der mir beistand und mich in die Arme nahm.

Für all das kannst Du im Grunde nichts, wirst Du jetzt vielleicht denken, Du bist nicht verantwortlich für die Erziehungsfehler unserer Eltern. Stimmt. Aber hast Du nie gespürt, wie mir zumute war? Hast Du nie das Empfinden von Ungerechtigkeit gehabt? Ich habe im Grunde bis heute nicht begriffen, daß Du Dich nicht ein einziges Mal für mich eingesetzt hast. Ich habe mir das oft gewünscht: daß mein Bruder Abel einmal vor unsere Eltern hingetreten wäre und für mich Partei ergriffen hätte. Aber nein, dazu warst Du immer zu feige. Du hättest Dir ja Deine Rolle als Lieblingskind verscherzen können. Weißt Du, ich habe mein Leben lang einen unendlichen Hunger nach Liebe und Anerkennung. Ich habe all die Jahre getan, was ich konnte, ich habe immer mein Bestes gegeben – ja mehr noch: ich habe Opfer gebracht noch und noch: meine Spontaneität, meine Kreativität, meine Phantasie, meine Lebendigkeit, – alles, um mich anzupassen und endlich, endlich einmal angenommen und geliebt zu sein, – und ich habe dabei mehr und mehr mich selbst verloren, bin bitter und depressiv geworden, fühle mich verlassen von Gott und der Welt.

Dir aber, Dir fällt nach wie vor alles in den Schoß: Glück und Erfolg, Anerkennung und Liebe. Was Du anpackst, gelingt; Abel, der Könner und Macher, der Sonnyboy, der die Götter auf seiner Seite hat. Aber allem Anschein nach fühlst Du Dich in dieser Rolle wohl; manchmal habe ich den Eindruck, Du nimmst gar nicht mehr wahr, was um Dich herum geschieht, siehst auch heute nicht, wie es mir, Deinem Bruder, geht, bist nur in Dich selbst verliebt. Irgendwie bist Du bis heute nicht erwachsen geworden, bist immer noch der kleine Abel, der sich für den Nabel der Welt hält. Aber das ist im Grunde ja auch kein Wunder: Du mußtest ja auch nie mit Mißerfolg, Ablehnung und Einsamkeit fertig werden. Weißt Du, manchmal wünsche ich, daß Dir einmal, einmal auch etwas mißlingt, daß einmal ich der strahlende Held bin und Du am eigenen Leibe erfährst, wie elend einem zumute ist, wenn man im Schatten steht und das Leben sinnlos und leer wird. Vielleicht könnten wir uns dann als Brüder begegnen. Aber da hoffe ich wohl vergeblich.

Ob ich auf eine Antwort von Dir warten darf?

Kain (Ch. SN)

Lieber Bruder Kain,

Daß irgend etwas zwischen uns nicht stimmt, konnten wir beide – und ich denke auch Mutter und Vater – schon seit langem mit Händen greifen. Ich bin deshalb sehr dankbar, daß Du mir geschrieben und damit das eisige Schweigen gebrochen hast. Noch lieber würde ich mit Dir über unsere Probleme reden, aber dafür ist Dein Zorn, vielleicht auch Deine Enttäuschung über alles, was gewesen ist, wahrscheinlich im Augenblick noch zu groß.

Ja, was ist eigentlich gewesen in all den Jahren unserer gemeinsamen Kindheit, das Dich so verbittert hat werden lassen? Natürlich habe ich mir auch meine Gedanken gemacht, als ich älter wurde. Ich habe ja gesehen und miterlebt, wie Du Dich immer mehr zurückzogst, kaum noch ansprechbar warst für ein gutes Wort, keine Lust mehr hattest zum gemeinsamen Spiel. Ich habe mich oft gefragt: Warum zieht er sich so zurück? Warum kann er nicht ein bißchen mehr die Freuden des Lebens genießen? Es kam dann alles zwangsläufig. Ein Einzelgänger bist Du geworden. Die Spielkameraden haben sich mehr und mehr von Dir ferngehalten. Eigentlich hast Du doch, wenn ich das richtig sehe, niemals zu irgend jemandem eine richtige Freundschaft entwickelt. Aber Du hättest Dich auch selbst manchesmal erleben müssen. So oft warst Du mürrisch und schlecht gelaunt. Hast griesgrämig dreingeschaut, wenn jemand ganz freundlich Dich etwas fragte.

Manchmal mußte ich früher darüber lachen, wenn

Mutter in ihrer altertümlichen Sprache sagte: Kains Gebärde verstellt sich. Aber im Ernst, es war wahrhaftig nicht immer eine Freude, in Deiner Nähe zu leben.

Nun ja, wir sind älter geworden. Irgendwann, dachte ich mir, wirst Du schon zufriedener werden mit Dir selbst und mit Deiner Umgebung. Irgendwann wirst auch Du lernen zu lachen und zu genießen, vielleicht wenn Du unabhängig geworden bist und auf eigenen Füßen stehst. Du hast Dich für die Landwirtschaft entschieden. Es war Dein freier Wunsch. Ich weiß, daß das Knochenarbeit ist. Die Abhängigkeit von Wind und Wetter. Ich beneide keinen Bauern um seine Arbeit. Aber es war doch wirklich Dein freier Wille. Ich kann mich nicht erinnern, daß Vater oder Mutter Dir jemals in Deine Zukunftspläne hineingeredet hätten.

Vielleicht, so dachte ich mir dann, liegt hier ja der Grund für Deine ewige Unzufriedenheit auch im Erwachsenen-Alter. Aber wenn ich mir Deinen Brief gründlich durchlese, gräbst Du doch immer wieder in den alten Geschichten herum und psychologisierst Deine ganze Entwicklung mit den angeblich grausamen Erfahrungen Deiner Kindheit.

Lieber Kain, ich bin wirklich bemüht, Deine Traurigkeit und Enttäuschung zu verstehen. Doch laß uns bitte auch einmal ganz offen und ehrlich über Deine Erfahrungen nachdenken. Zum einen meine ich, hattest Du gar keinen so schlechten Start, zumindest wenn ich Mutters Erzählungen Glauben schenken darf. Du warst ein Wunschkind, und die Freude und Dankbarkeit über Deine Geburt war bei Mutter überschwenglich.

Und daß Kinder dann auch irgendwann lernen müssen zu teilen, wenn sie Geschwister bekommen, ist eine Binsenweisheit.

Eher fühle ich mich benachteiligt. Wenn ich nur an den Namen denke, den sie mir gegeben haben: Abel, ein Hauch, ein Nichts! Da packt mich die Wut; wenn ich mich erinnere, wie oft ich mich meines Namens schämte oder mich anderswo mit meinem Spitznamen vorstellte. Wenn ich anfangen würde zu psychologisieren, glaube mir, da ließe sich manches im Verhältnis der Eltern zu mir ausgraben!

Aber genau hier, denke ich, ist der entscheidende Punkt. Irgendwann sind wir beide erwachsen geworden. Wir können uns nicht ständig hinter den Erfahrungen der Kindheit verstecken und andere für unsere Entwicklung verantwortlich machen. Selbst wenn vieles von dem stimmt, was Du schreibst, mußt Du diese bitteren Erfahrungen doch einmal hinter Dir lassen und selbst schauen, wie Du mit Deinem Leben zurechtkommst.

Glaubst Du vielleicht, mir fliegt alles nur so zu? Nein, entscheidend ist, was man aus seinem Leben macht. Und da habe ich wahrscheinlich wirklich eine optimistischere Einstellung als Du. Ich erinnere mich noch, wie sauer Du oft warst, weil mir Dinge gelangen, die Du nicht erreichen konntest. Du hast dann in Deiner düsteren Art vom Schicksal oder von Gott geredet, der Deinem Leben nicht wohlgesonnen sei. Und hattest schon wieder einen Schuldigen!

Nein, mein lieber Kain, da machst Du es Dir zu leicht. Gelingen und Mißlingen liegen weitgehend in Deiner Hand. Fast könnte man bei Dir den Eindruck haben, als seist Du in Dein eigenes Leiden so verliebt, daß Dir alles, was Du Dir vornimmst, mißrät. Denk doch bitte einmal ernsthaft darüber nach, ob hier nicht der entscheidende Punkt liegt für Deine ewige Unzufriedenheit.

Ich wollte Dich mit diesen klaren Worten nicht verletzen. Aber ich möchte mit Dir so offen sprechen, wie es sich für erwachsene Menschen und zumal für Brüder gehört.

Sei herzlich gegrüßt

Abel (G. L.)

Lieber Abel!

Ich bin überrascht und erfreut zugleich, daß Du mir auf meinen Brief so ausführlich – und auch schon so bald – geantwortet hast. Erstaunt bin ich auch darüber, daß Du Dir doch wohl mehr Gedanken über unsere Beziehung gemacht hast, als ich bisher angenommen hatte.

Um so schmerzlicher berührt es mich, wenn Du schreibst: ‚Ich habe mich oft gefragt: warum ziehst Du Dich zurück?' Warum in aller Welt hast Du das Dich gefragt und nicht mich? Manchmal denke ich, ein Wort von Dir hätte den Bann lösen und eine Brücke aus meiner Einsamkeit von mir zu Dir hin schlagen können. Du magst jetzt vielleicht denken, dieser erste Schritt hätte ja auch von mir kommen können. Aber von einem gewissen Zeitpunkt an, den ich heute gar nicht mehr so genau bestimmen kann, ging bei mir, wie man so schön sagt, nichts mehr. Je ‚griesgrämiger' ich schaute, wie Du es ausdrückst, desto tiefer wurde meine Sehnsucht nach Nähe, und um so unfähiger wurde ich zugleich, von mir aus auf einen anderen Menschen zuzugehen. Es war ein Teufelskreis: je einsamer ich wurde, desto depressiver wurde ich, – und je depressiver ich wurde, desto größer wurde die Angst, mich in dieser seelischen Verfassung irgend jemandem zuzumuten. Wer erträgt schon einen schwermütigen Menschen längere Zeit in seiner Nähe?

Vielleicht wirst Du beim Lesen dieser Zeilen wieder denken, daß ich meine Probleme nur psychologisiere: aber Du irrst Dich, wenn Du meinst, ich suche stets nur einen Sündenbock, den ich für all das Dunkle in meinem Leben verantwortlich machen könnte.

Als ich in meinem letzten Brief noch einmal in Gedanken in die Kindheit zurückging, lag mir in erster Linie daran, Dir aus meiner Sicht die Hintergründe und Entwicklungen aufzuzeigen, die zu dem eisigen Schweigen zwischen uns geführt haben, wie Du es nennst. Daß mir das bis heute nicht ganz ohne Emotionen gelingt, weil ich dabei doch immer wieder an alte Wunden und Verletzungen stoße, ist, denke ich, verständlich, spüre ich doch täglich, wie festgelegt ich innerlich durch die Erziehung bin, und wie wenig ich meine Sehnsucht nach Freiheit und Fröhlichkeit verwirklichen kann.

Mit Erstaunen und – verzeih –, auch mit einer gewissen Genugtuung hat es mich erfüllt, als ich las, daß auch Dir eine Last in die Wiege gelegt worden ist: Dein Name. Ich muß zugeben, daß ich nie wahrgenommen habe, daß Du deswegen verspottet wurdest und daß so auch Deine Beziehung zu den Eltern nicht ganz unproblematisch war. War ich wirklich so unsensibel oder so auf mein eigenes Leiden fixiert, wie Du es mir vorwirfst, daß ich all die Jahre nichts davon gemerkt habe, oder hast Du Deine Verletzungen so gekonnt überspielt oder verdrängt? Aber auch da, das muß ich offen zugeben – und um Offenheit geht es uns ja in unseren Briefen jetzt –, regt sich in mir der Neid darauf, daß Du das Leben trotz seelischem Kummer genießen kannst. Du schreibst, daß Dir vieles gelingt, weil Du wohl die optimistischere Einstellung hast als ich. Aber da bin ich wieder mit meiner Frage: wie kommt es, daß Du ein so heiteres Gemüt hast, diesen doch letztlich starken Glauben an Dich selbst, der das Gelingen – fast möchte ich sagen – automatisch nach sich zieht? Das ist etwas, was mir völlig fehlt: die Gewißheit, daß es gut ist, daß ich bin, – und das Selbstvertrauen, mir meinen Platz im Leben erobern und fröhlich nehmen zu dürfen, was ich zum Leben brauche, was mich glücklich macht. Stets nagt in mir diese alte Angst, zu viel zu beanspruchen, anderen etwas wegzunehmen und dadurch an ihnen schuldig zu werden. Mit dieser Grundangst hängt letztlich wohl auch meine Berufswahl zusammen: es war nicht mein tiefster Wunsch und Wille, Bauer zu werden; im Grunde habe ich mich dafür entschieden, weil Du Hirte wurdest. Ich wollte Dir nicht in die Quere kommen, wollte meinen eigenen Lebensbereich haben, wo ich nicht in Deinem Schatten stehen mußte. Aber wie sich gezeigt hat, hat mir auch mein Beruf nicht die Lebenserfüllung gebracht, nach der ich mich sehne.

Vielleicht liegt da mein Fehler, daß mir bisher in meinem Leben so wenig gelungen ist: daß ich in erster Linie immer auf das geschaut habe, was die anderen können, mich primär daran orientiert habe, was Du alles kannst, machst und Dir im Laufe des Lebens erobert und erworben hast, und daß ich dabei eigentlich nur noch meine Schwächen und Mängel im Blickfeld gehabt habe und nicht mehr aufmerksam war für das, was ich selbst kann und will. Ich bin mir selbst so viel schuldig geblieben in meinem Leben. Ob es mir jetzt noch gelingen kann, die versiegten Quellen von Kreativität und Spontaneität, die ich als Kind in mir gespürt habe, wieder zum Fließen zu bringen, und ob ich dadurch auch ein wenig fröhlicher, genußfähiger und vielleicht sogar erfolgreicher werden kann?

Ich freue mich auf Deine Antwort und grüße Dich herzlich

Dein Bruder Kain (Ch. SN)

Lieber Abel!

Monate sind vergangen, seit ich Dir zuletzt schrieb, Tag um Tag warte ich auf Antwort. Hast Du nicht gespürt, wie sehr es mich drängt, mit Dir ins Gespräch zu kommen, unsere über so lange Zeit gestörte Beziehung wieder heilen zu lassen? Ich habe Dir so vieles offenbart von mir, und daß von Dir darauf keine Reaktion mehr erfolgt ist, tut mir weh. Da spüre ich wieder die alte Wut in mir hochkriechen, die ich doch eigentlich abbauen wollte. Irgendwie paßt Dein Verhalten mir gegenüber wieder in das Bild, das ich von Dir habe. Wahrscheinlich hast Du gerade ein paar aufregende Begegnungen oder spannende Erlebnisse, und schon ist Dein Bruder wieder Nebensache. Anscheinend war die Idee von dem Bruder, der sich versöhnen will, nur interessant, solange sie brandneu war.

Oder gibt es einen anderen Grund für Dein Schweigen? Habe ich Dinge in Dir angerührt, die Dir wehtun und auf die Du noch nicht antworten kannst?

Daß du viel zu tun hast, weiß ich, aber mir geht es auch nicht anders. Das allein kann doch auch nicht die Ursache dafür sein, daß Du mich wieder links liegen läßt. Oder bedeutet Dir der Versuch, unsere Beziehung in versöhnliche Bahnen zu lenken, tatsächlich so wenig, daß Du neben all dem, was Dich sonst so umtreibt, nicht eine Stunde Zeit und Muße hast für einen Brief?

Ich bin traurig und enttäuscht.

Dein Bruder Kain (Ch. SN)

Lieber Kain,

Du drängst mich in eine Rolle hinein, die ich nicht annehmen will. Natürlich hätte ich Dir schon eher auf Deine beiden letzten Briefe antworten können, aber wenn ich mich von Dir bedrängt fühle, reagiere ich eher ablehnend. Ich habe Dir schon vor längerer Zeit gesagt, daß ich mein eigenes Leben führen will. Ich brauche Zeit für meine Familie, meine Freunde, meine Arbeit und möchte nicht von Dir Häufigkeit und Intensität unserer Gespräche und Briefe diktiert bekommen. Hier taucht wieder eine Deiner Eigenschaften auf, die mich schon früher abgestoßen hat. Aufgrund Deines nie zu stillenden Bedürfnisses nach Zuneigung und Liebe bist Du kaum bereit, Grenzen zu respektieren. Niemals läßt Du Dinge wachsen und reifen in der gebotenen Distanz, sondern versuchst zu klammern und Besitz zu ergreifen. Du leidest ja selbst darunter, wie Du schreibst, andere zu sehr zu beanspruchen und dadurch an ihnen schuldig zu werden. Warum findest Du eigentlich so selten das richtige Maß? So kenne ich Dich von klein auf: Kain, der immer nur darauf bedacht war, die Aufmerksamkeit der anderen auf sich zu ziehen. Du warst nie mit Dir zufrieden und hattest niemals an Deinem Leben genug, so wie es war. Kaum schenkten mir die Eltern oder Verwandten ein Lächeln, mußtest Du Dir durch Späße und kluges Daherreden ihren Beifall sichern. Es war, als ob Du ständig unter dem Zwang lebtest, die Umgebung beobachten und beeinflussen zu müssen, Deine Wirkung auf Deine

Mitmenschen einzuschätzen und Dir ihre Aufmerksamkeit zu sichern. Gelang Dir das nicht oder nicht im gewünschten Maße, dann hast Du Dich zurückgezogen und warst voller Selbstzweifel und Minderwertigkeitsgefühle. Das hat sich ja fast bis zum Wahn gesteigert, wenn ich mich nur an Dein eifersüchtiges Verhalten zu Beginn unserer Berufsjahre erinnere. Kaum hatte ich den ersten bescheidenen Erfolg, während Du zur gleichen Zeit mit einer Pechsträhne zu kämpfen hattest, da brach bei Dir das ganze Lebensgebäude zusammen. Alles hätte sich gegen Dich verschworen, war Deine Rede. Du könntest machen, was Du wolltest, immer hättest Du nur Pech. Alles, was Du anfaßtest, mißlänge Dir. Ach, Kain, so schwermütig wie Dein Inneres, so mürrisch, ja bisweilen bedrohlich wirktest Du auch in Deiner äußeren Erscheinung. Ging es Dir gut, hattest Du Dein Maß an Anerkennung und Beachtung, so war ganz gut mit Dir auszukommen. Aber wehe, etwas lief Dir nicht so leicht von der Hand, dann wurdest Du zum Schrecken Deiner Umgebung.

Darum wehre ich mich auch heute so gegen die Vereinnahmung, die ich aus Deinen Briefen herausspüre. Sicher, Du bist reifer geworden, siehst zum Teil Deine Schwächen und Fehler, aber im Grunde genommen fällst Du in das alte Muster immer wieder zurück. Kaum schreibe ich Dir Deiner Ansicht nach nicht rechtzeitig genug, hast Du den Eindruck, vernachlässigt zu werden. Kaum signalisiere ich Dir, daß ich neben Dir auch andere Beziehungen und Interessen habe, die mich beanspruchen, fühlst Du Dich um die von Dir eingeklagte Aufmerksamkeit betrogen.

Ich bin nicht Dein Therapeut und will es auch nicht sein! Ich bin Dein Bruder, der mit Dir ganz normal reden und verkehren und vielleicht hier und da etwas gemeinsam unternehmen will. Nicht mehr und nicht weniger.

Aber ich fürchte, daß Du aus Deinem Verhaltensmuster kaum noch herausfindest. Das könnte dann wirklich fast so etwas wie ein Fluch sein, der über Deinem Leben liegt. Alles wird Dir nur schwer von der Hand gehen, und Du wirst niemals zur Ruhe mit Dir selbst und mit anderen finden.

Was auch immer werden wird, ich möchte Dich auf jeden Fall in den nächsten Tagen besuchen. Ich denke, ich werde Dich irgendwo auf den Feldern finden.

Sei bis dahin gegrüßt

Abel (G. L.)

Lieber Abel!

Nun drängt es mich doch, Dir noch vor Deinem angekündigten Besuch ein paar Zeilen zu schreiben in der Hoffnung, daß unsere erste Begegnung nach der langen Zeit dadurch etwas unbelasteter wird.

Ich kann nicht verhehlen, daß Dein Brief mir sehr weh getan hat. Stundenlang habe ich in der Nacht wachgelegen, immer wieder sind mir Deine Vorwürfe durch den Kopf gegangen. Es ist mir seinerzeit nicht leicht gefallen, Dir überhaupt zu schreiben, um das eiskalte Schweigen zwischen uns, wie Du es nanntest, zu brechen. Ich verspürte eine tiefe Sehnsucht, die Konflikte zwischen uns anzusprechen, zu klären und einen freieren und fröhlicheren Umgang miteinander möglich zu machen. Dieser Wunsch war so drängend, daß ich Deine Antwort so sehr herbeisehnte. War es denn da so unverständlich und verwerflich, daß ich Dir nach langen Monaten geduldigen Wartens meine Enttäuschung über das Ausbleiben eines Briefes von Dir mitteilte? Daß Du mich deshalb als klammernd erlebst, erschreckt mich sehr, denn das ist das letzte, was ich sein will. Aber vielleicht ist mein eigentliches Ansinnen durch den bitteren Tonfall meines dritten Briefes nicht zu Dir hindurchgedrungen. Hätte ich geahnt, was für eine Woge der Aggression ich in Bewegung setze, glaube mir, ich hätte geschwiegen. Mir scheint, jetzt haben sich mehr Spannungen zwischen uns aufgebaut als je zuvor. Das habe ich nicht gewollt. Auch das ist ja so etwas wie ein Fluch:

etwas Gutes, Heilvolles will ich bewirken – und Böses und Zerstörerisches kommt am Ende dabei heraus. Kennst Du solche Erfahrungen auch aus Deinem Leben?

Sehr schmerzhaft berührt hat mich auch Dein Vorwurf, ich sei immer nur darauf bedacht, die Aufmerksamkeit anderer auf mich zu ziehen. So manches Mal habe ich Dir, als wir noch beide im Elternhaus lebten, stillschweigend Arbeiten und Pflichten abgenommen, wenn ich sah, wie arg Du zeitlich unter Druck wegen anderer Dinge warst, unrühmliche, alltägliche, dafür mitunter recht zeitaufwendige Verrichtungen, mit denen ich mich nirgends sonnen konnte, um die ja kaum jemand wußte. Gewiß, ich habe das gern getan für Dich und möchte auch jetzt nicht damit prahlen. Ich bringe das hier nur zur Sprache, weil ich denke, daß ich nicht ganz so eigensüchtig bin, wie Du mich hinstellst. Daß mich Worte der Anerkennung und des Lobes aufblühen lassen, ist, glaube ich, eine der Eigenschaften, die wir gemeinsam haben. – Schau einmal in den Spiegel, wenn *Du* Lob und Anerkennung und Bestätigung erfährst, dann strahlt Dein Gesicht wie die Sonne (und das ist keine Kritik!).

Daß mich meine Pechsträhne, in der ich in den letzten Monaten nun wirklich steckte und von der ich mich noch nicht ganz befreit habe, depressiv macht, ist, denke ich, verständlich. Ist es so schwer für Dich, mich in dieser Verfassung und mit einem unfrohen Gesicht zu ertragen? Darf ich zu Dir nur kommen, wenn ich ‚gut drauf' bin, wie man so sagt? Ich weiß, ich neige dazu, immer alles zu schwer zu nehmen. Schon unsere Eltern haben mir das früher oft vorgehalten: „Du bist so schwermütig, Junge", „Du mußt Dir nicht alles so zu Herzen nehmen, Kind". Aber kann ich aus meiner Haut? So vieles habe ich schon versucht, um mich zu ändern, um leichter und fröhlicher leben zu können. Wie gern hätte ich etwas von Deiner Fähigkeit, auch in Zeiten von

Kummer und Sorge freudefähig zu sein. Das ist ja eine der Seiten an Dir, die ich zugleich bewundere und um die ich Dich beneide. Ich sehne mich sehr danach, hin und wieder von Herzen lachen und fröhlich dreinschauen zu können. Wenn ich einen Weg dahin wüßte, glaube mir, ich würde heute noch aufbrechen. Aber ich erwarte dabei wahrlich keine therapeutischen Hilfestellungen von Dir. Ich denke, wir wollen doch beide „ganz normal" freundschaftlich-brüderlich miteinander reden, umgehen und das ein oder andere zusammen tun.

Lieber Abel, ich hoffe, daß Du Dich jetzt nicht erneut von mir bedrängt fühlst dadurch, daß ich Dir noch einmal geschrieben habe. Aus den paar Zeilen, die ich aufs Papier bringen wollte, ist ja nun doch ein richtiger Brief geworden. Während ich schrieb, beschlichen mich immer wieder Zweifel, ob das jetzt richtig sei. Ich bin sehr verunsichert Dir gegenüber. Aber ich wünsche mir immer noch, daß sich unsere Wege in versöhnliche Bahnen lenken lassen, daß wir zu einer Beziehung finden, in der wir frei und froh miteinander umgehen und aufeinander zugehen können. Ich will lernen, geduldiger und behutsamer Dir gegenüber zu werden. Ich hoffe und bete, daß es mir gelingt. Vielleicht kann Dein angekündigter Besuch bei mir ein Anfang werden.

Sei herzlich gegrüßt

Dein Kain (Ch. SN)

Abraham und Isaak

Das erste Milgram-Experiment

Ich möchte unterscheiden lernen,
wann Gott wirklich zu mir spricht,
und wann ich mich nur selbst reden höre.
Nicht jede Tageslosung ist schon ein Wort Gottes,
und nicht jeder Ruf ist schon eine Berufung.

Lieber Vater!

Jahre sind vergangen seit damals – und dennoch will mir dieses Geschehen nicht aus dem Kopf. Gerade jetzt, da meine eigenen Söhne etwa im gleichen Alter sind, wie ich es damals war, steigen die Bilder unseres gemeinsamen Weges zur Opferstätte wieder in mir auf, und ich muß Dich heute, als erwachsener Mann, zum ersten Mal direkt fragen: Wie konntest Du mir das antun, Vater?

Es ist für mich, als wäre es gestern gewesen: als wir beide frühmorgens in das Land Moria aufbrachen, zusammen mit dem Esel und den beiden Knechten, junge Burschen noch beide. Wir drei haben noch so viel Spaß gehabt unterwegs und so viel gelacht; nur Dein Gesicht

Der Sozialpsychologe Stanley Milgram führte 1963 in den Vereinigten Staaten ein Experiment durch, um herauszufinden, ob auch in den USA ein „3. Reich" möglich sei.

Einer Versuchsperson (Lehrer) wurde befohlen, eine andere Person in einem Nebenraum (Schüler) bei Fehlern während eines angeblichen Lernprozesses mit Stromstößen zu bestrafen. Mit dem jeweiligen Stromstoß wurde, was der „Lehrer" nicht wußte, im Nebenraum ein Tonband eingeschaltet, das die angeblichen Schmerzensschreie des „Schülers" (in Wirklichkeit ein Assistent des Instituts) hörbar machte.

Das Ergebnis dieses „Milgram-Experiments" zeigt in erschreckender Weise, daß die meisten Menschen zu bedingungslosem Gehorsam bereit sind: von 100 Versuchspersonen gingen 85% bis zur schwersten Bestrafung, indem sie die Taste drückten, von der sie vermuteten, daß dem „Schüler" dadurch ein Stromstoß von 450 Volt verabreicht würde.

Vgl. Stanley Milgram, Das Milgram-Experiment. Zur Gehorsamsbereitschaft gegenüber Autorität, Hamburg (Rowohlt) 1974.

war verschlossen und ernst, wie ich es selten gesehen habe. Aber wie hätte ich ahnen können, was in Dir vorging? Ich war doch so stolz gewesen, daß ich endlich alt genug war, Dich auf diesem dreitägigen Weg begleiten zu dürfen, zu dem Höhenheiligtum, auf dem wir unserem Gott opfern wollten. Meine Frage dann noch: „Wo ist denn das Brandopfer?" Deine Antwort habe ich erst gar nicht begriffen: „Gott wird sich das Opferlamm selbst aussuchen." Hast Du je ahnen können, was in mir vorging, als Du mich dann plötzlich packtest und mir Arme und Beine gefesselt hast? Noch immer hatte ich nicht begriffen, nicht begreifen können und wollen – bis heute nicht –, was du mir da antun wolltest, Vater.

Wie oft habt Ihr beide, Mutter und Du, mir als Kind erzählt, wie sehnsüchtig Ihr Euch einen Sohn gewünscht, wie lange Ihr auf meine Geburt gewartet habt und wieviel Schmerz Euch das jahrzehntelange Ausbleiben der göttlichen Verheißung vieler Nachkommen bereitet hat. Das verstehe ich nur zu gut, denn Du weißt, daß ja auch meine Ehe mit Rebekka lange kinderlos geblieben ist. Aber um so unverständlicher ist und bleibt es mir, warum Du mich töten wolltest. Nichts und niemand auf der Welt könnte mich heute dazu bringen, einen meiner beiden Söhne zu opfern, weder Esau, an dem mein Herz besonders hängt, noch Jacob, der mir in seiner manchmal etwas verschlagenen Art zwar immer ein wenig fremd geblieben, der aber doch auch mein Sohn ist. Was muß nur damals in Dir vorgegangen sein, Vater?

Und was ist das für ein Gott, der erst seine Versprechen gibt, die Menschen dann fast ein Leben lang mit der Erfüllung seiner Zusagen warten läßt und schließlich das Leben eines Kindes aufs Spiel setzt, um angeblich Deinen Glaubensgehorsam zu überprüfen, wie Du es mir damals erklärt hast. Wenn das wirklich Gottes Wille war, so ist dieser Gott ein sadistischer Gott, der Menschen quält, sie zu seinem Spielzeug macht. Da nützt es auch nichts, daß die Geschichte „ein gutes Ende“ hatte, daß sich ein Widder als Opfertier im Gestrüpp verfing und Du mich dann wieder freigebunden hast. Meine Todesangst, meine Verzweiflung sind geblieben: ob Du wohl ahnst, wie oft ich heute noch von diesem Erlebnis träume und jedesmal schreiend und schweißgebadet aufwache, wenn ich Dich mit dem Messer in der Hand über mich gebeugt sehe, – wenn mir Dein Gesicht, das mir in der Kindheit immer so gütig erschien, zu einer entstellten Fratze wird? Mein bis dahin so ungebrochenes Vertrauen in Deine Liebe und in die Liebe dieses Gottes, von dem Du mir als Kind soviel erzählt hast, sind seit jener Stunde zerbrochen.

Ich frage Dich: warum hast Du Dich diesem Anspruch Deines Gottes nicht widersetzt? Warum hast Du nicht „nein“ gesagt? Vielleicht wäre ein Akt des Ungehorsams gegenüber dieser unmenschlichen Forderung ein eigentlicher Akt des Gehorsams gewesen: das Schützen und Behüten Deines Kindes, das Dir anvertraut wurde, um jeden Preis. Oder – war es am Ende gar nicht „Gottes Wille“? War es der Deine, Vater? War Deine Liebe zu mir so zwiespältig, daß sie irgendwann in Haß umschlug und Du mich loswerden wolltest? – Und als Du es dann im letzten Augenblick doch nicht fertig gebracht hast, mich zu töten, hast Du Dein gewissenloses Vorhaben schnell zum Willen Gottes erhoben, um mich mit einer Erklärung abzuspeisen für etwas, wofür es letztlich keine Erklärung gab. War es so, Vater?

Und Mutter? Was hat sie eigentlich dazu gesagt? Wie hat sie es zulassen können, daß Du ihren eigenen Sohn schlachtest? Oder hat sie gar von alldem nichts gewußt? Was hättest Du ihr denn erzählen wollen, wenn Du mich wirklich hingerichtet hättest? Oder – war es vielleicht gar ihre Idee? War sie es, die mich loswerden wollte, – wie damals Hagar und Ismael, der doch auch

Dein Sohn und mein Bruder war? War sie jetzt auf mich eifersüchtig, weil ich viel mit Dir zusammen unternahm? War ich, das Wunschkind von einst, jetzt zum Streitobjekt Eurer Ehe geworden, nicht mehr das Kind, das Eure Zweisamkeit erfüllte, sondern das sie störte und vielleicht ernsthaft bedrohte?

Vielleicht kannst Du mir heute, da ich selbst Vater bin, das erklären, was Du mir damals nicht sagen konntest.

Was hast Du mir nur angetan Vater, und warum?

Vielleicht wird mein Zorn, mein manchmal nur mühsam unterdrückter Haß auf Dich nur noch größer, wenn Du mir antwortest.

Vielleicht aber hilft es mir, die ganze Wahrheit zu kennen, um endlich mit mir selbst – und auch mit meiner Beziehung zu Dir und zu Gott – zur Ruhe zu kommen.

Ich sehne Deine Antwort in gleicher Weise herbei, wie ich sie fürchte.

Dein Sohn Isaak (Ch. SN)

Mein lieber Isaak,

Dein Brief hat viel in mir aufgewühlt. Kindheitserinnerungen wurden wach, die ich lange verdrängt hatte. Als ich sieben oder acht Jahre alt war, haben wir einmal unten am Bach neben unserem alten Zelt mit einigen Freunden wilde Nomaden gespielt. Einer von uns galt schon immer als Außenseiter. Wir haben ihn mitspielen lassen, aber meistens mußte er die Rolle des Opfers übernehmen. So auch an jenem Tag. In unserem bitter ernsten Spiel war er der Übeltäter, wurde nach langem Kampf überwältigt, von uns gefesselt und in eine Grube geworfen. Als die anderen zum Mittagessen nach Hause gingen, bin ich ganz allein zu ihm hinuntergestiegen und habe mir den wehleidig wimmernden Kerl noch einmal vorgeknöpft. Ich weiß noch, es bereitete mir Genugtuung, ihn so ohnmächtig daliegen zu sehen. Ich habe ihm angedroht, daß wir ihn die ganze Nacht dort liegen ließen, und zum Zeichen meiner Entschlossenheit habe ich die Fesseln noch ein bißchen straffer angezogen. Aber es war nicht nur das Siegesgefühl in mir; auch eine Art Gerechtigkeitsdenken machte sich breit. Einer mußte doch schließlich dafür sorgen, daß den Übeltätern ihr Handwerk gelegt würde. Ich fühlte mich auserkoren zum Kampf gegen das Unrecht in der Welt. Gehorsam und voll missionarischen Eifers mußte ich meinen Auftrag erfüllen. Und in seine Augen trat, das hatte ich wohl bemerkt, je länger ich das Spiel trieb, die nackte Angst. Unterbrochen wurden wir durch den Ruf meines Vaters. Schnell löste ich die Fesseln, aber nicht, ohne ihm vorher zu drohen, daß er auf keinen Fall auch nur ein Sterbenswörtchen davon erzählen dürfte. Sonst würde er es bereuen ...

Lang, lang ist das alles her.

Fast vergessen, kam es mir durch Deinen Brief wieder in den Sinn. Niemals habe ich mit irgend jemandem darüber geredet. Aus Scham! Aus Angst, diese Kindheitsgeschichte könne ein schlechtes Licht auf mich werfen; Wesenszüge könnten sichtbar werden, die ich mir selbst einzugestehen nicht bereit war.

Ähnlich bin ich dann ja auch mit dem damaligen Geschehen in Moria umgegangen. Einmal nur haben wir flüchtig darüber gesprochen. Dann war, so schien mir, die Sache für Dich erledigt. Es kam mir entgegen, daß Du dieses Thema nie mehr angerührt hast. Und so oft mich die Gedanken daran gefangennehmen wollten, habe ich mich mit Erklärungen beruhigt: Daß Du das Ganze wohl als Spiel aufgefaßt haben könntest, so wie es Kinder eben manchmal tun. Oder daß Deine Erinnerungen an die ansonsten rundum schönen Tage in Moria so positiv wären, daß sie diese eine Erfahrung hätten ganz in den Hintergrund treten lassen.

Jetzt ist alles wieder da, als sei es gerade erst gestern geschehen. Durch Deinen Brief ist Vergangenheit so lebendig geworden, daß ich mich dem Erinnern, dem schmerzhaften Erinnern nicht mehr entziehen kann.

Ganz deutlich sehe ich wieder vor mir, wie wir beide alleine den Berg emporstiegen. Die schrecklichen Bilder lassen mich jetzt nicht mehr ruhen. Ich wage kaum, sie zu beschreiben. Wie ich die Knechte zurückschickte. Sie sollten nicht Zeugen jener grauenhaften Tat werden. Wie ich das Holz aufsammelte, es zu einem Scheiterhaufen zusammenband. Deine kindlichen, naiven Fragen. Wie ich das Messer nahm und Dich ... Ach, Isaak, laß es genug sein. Das Schlimmste war, daß alles vorsätzlich geschah. Ich bin schon mit diesem Plan mit Dir nach Moria gegangen. Ich wußte schon beim Aufbruch, beim Abschied von der Mutter, beim Verlassen unserer Heimat, was geschehen sollte. Unfähig, noch einmal die Richtung zu ändern, vollzog sich alles, wie unter einem inneren Zwang. Und – Isaak – ich glaube, ich hätte es dann auch getan! Es zerreißt mir heute wieder die Seele, Dir das so schreiben zu müssen. Aber alles Drumherumreden wäre nur neues Verdrängen.

Ich weiß nicht, ob und wie ich danach hätte weiterleben können. Ich weiß nicht, ob Leben überhaupt nach einer solchen Tat noch einen Hauch von Sinn gehabt hätte.

Sicher, es gibt Eltern, denen die eigenen Kinder nur eine Last sind. Kinder werden verkauft, Kinder werden geschlagen, Kinder werden zu seelischen Krüppeln erzogen. Und Kinder werden getötet – nach wie vor.

Aber Du, Isaak, warst ein ganz und gar erwünschtes Kind. Deine Mutter und ich haben Dich mit Dankbarkeit empfangen. Ich liebe Dich auf meine – zugegeben – manchmal etwas rauhe Art. Du bist mein Sohn, mein Nachkomme und Erbe. Für Dich habe ich alles gegründet und aufgebaut. Es soll Dir gut gehen. Das war so vom ersten Tag an und ist bis heute so geblieben.

Warum also, so bohrt und drängt es jetzt nach Deinem Brief ebenso gewaltig auch in mir, warum also dann dieses schreckliche Vorhaben in Moria?

Damals glaubte ich, und das war der Zwang, der stärker war als meine Liebe zu Dir, daß Gott selbst mich zu diesem Vorhaben herausgefordert hätte. Ich hatte seine Stimme vernommen: „Abraham, nimm deinen Sohn Isaak, den du liebhast, gehe in das Land Moria und opfere ihn daselbst zum Brandopfer!"

Ich weiß nicht, ob ich Dir das schreiben darf, Isaak. Du bist ja der Betroffene: Die Forderung Gottes ging mir wie ein Stich durch Leib und Seele. Ich sollte Dich, der mir das Liebste war, nicht nur verlieren. Das ist Grund genug zum Verzweifeln für viele Eltern, denen Ähnliches widerfährt. Nein, ich, der eigene Vater, sollte gar noch diese schreckliche Tat ausführen.

Aber, so dachte ich damals, wenn Gott so etwas fordert, selbst so etwas, dann muß ich folgen. Er wird seine Gründe haben. Er ist Herr über Leben und Tod. Wir haben seine Entscheidungen nicht anzuzweifeln, noch dürfen wir uns ihnen widersetzen.

Begreifst Du, alles, was wir haben, alles, was wir sind, verdanken wir unserem Gott. Es gibt schlechthin keine Autorität neben ihm. Unserem Gott gegenüber sind wir alle abhängig, bis zur letzten Konsequenz. Er gibt das Leben, er nimmt das Leben. Ansonsten wäre er nicht unser Gott, sondern Geschöpf unserer Wünsche und Phantasien.

Erst später, mein lieber Isaak, viel später kamen mir die Zweifel. Nicht daran, ob Gottes Gottsein absolut gilt; das steht für mich auch heute noch außerhalb jeder Diskussion. Aber Zweifel daran, ob unser Gott ein solch schreckliches Geschehen überhaupt fordern könnte. Er hat Segen und Leben verheißen und Nachkommen wie Sand am Meer. Warum sollte er Leben einfach aus einer Laune heraus wieder nehmen wollen?! Nein, so etwas tut unser Gott nicht! Daß er eifersüchtig sein könne, daß er nebenbei den menschlichen Gehorsam auf sadistische Art teste, daß er seine Absolutheit in völliger Willkür auslebe, all das sind unsere menschlichen Machtphantasien. Weil wir oft so leben, übertragen wir sie auf Gott und fühlen uns bestätigt. Das sind unsere Bilder von Gott, und ich bin damals wohl auch der Versuchung erlegen, mein Bild und damit letztlich mich selbst absolut zu setzen. Seit ich zum ersten Mal diese Gedanken hatte, Isaak, gehe ich auch viel vorsichtiger mit meinen Träumen um und mit den Stimmen, die ich zu hören glaube.

Ich möchte unterscheiden lernen, wann Gott wirklich zu mir spricht und wann ich mich nur selbst reden höre. Nicht jede Tageslosung ist schon ein Wort Gottes, und nicht jeder Ruf ist schon eine Berufung.

In vorsichtigem Abtasten habe ich dann versucht, ein wenig mehr von diesen dunklen Seiten in mir zu erforschen, die mich zu jenem traurigen Höhepunkt in Moria geführt haben.

Auch das ist nur ein Erklärungsversuch. Ich habe nichts Konkretes in der Hand, und andere Menschen werden anders denken.

Vielleicht, so kam mir in den Sinn, habe ich damals mit dem Mordversuch an Dir – ja, es muß wohl so genannt werden – ganz eigensüchtig nur versucht, mein eigenes Leben, meinen Erfolg abzusichern. Du weißt, schon lange vor Deiner Geburt ging es Deiner Mutter und mir materiell sehr gut. Wir hatten alles, was wir zum Leben brauchten, und dazu noch im Überfluß. Riesige Herden, Knechte, Mägde, gutes Land. Wir waren Gesegnete Gottes, wie wir das damals nannten. Auf der Sonnenseite des Lebens. Alles fiel mir praktisch in den Schoß, was ich nur anfaßte, gelang. Und schließlich wurdest Du uns geschenkt: der Nachkomme und Erbe, Du, Isaak!

Und an solchen Stellen im Leben überfällt einen dann mitunter die bange Frage, ob dieser Erfolg wohl anhalten könne, ob es einem nicht zu gut gehe, ob man dafür nicht eines Tages werde zahlen und büßen müssen. Und gleichsam, um aus irgendwelchem Aberglauben heraus die Götter gnädig zu stimmen, fügt man sich selbst Leid zu. In der Regel fällt diese Selbstbestrafung nicht so hart aus. Menschen geben etwas ab von ihrem Reichtum, spenden etwas, vollbringen eine gute Tat. Man opfert etwas. Je härter die Qual, desto bedeutender das Opfer, desto gnädiger die Götter. Vielleicht spielte das alles damals eine Rolle. Ich weiß es nicht. Und es tut mir leid,

Isaak, Dir das so schonungslos sagen zu müssen. Es sind ja auch alles nur Vermutungen. Ich bin kein Therapeut. Aber ich befürchte, es gab zwischen meinem Erfolg, der übergroßen Liebe zu Dir und dem schrecklichen Plan eben diese Verbindung.

Wie es auch sei, Isaak, ich bin heute davon überzeugt, daß ich damals den Namen unseres Gottes mißbraucht habe. Nicht er hat mich beauftragt, sondern es war meine eigene Entscheidung. Eine Entscheidung, die mir heute völlig unverständlich ist, die aber nicht unüblich war in der Generation unserer Väter. So selbstverständlich wie es heute ist, Tiere als Dank zum Brandopfer zu bringen, so selbstverständlicher Brauch war es in vielen Generationen vor uns, auch bei den Fremdvölkern, als Dank für gutes Auskommen alle Erstlingsgaben den Göttern zurückzuschenken. Und es gab Zeiten, da gehörten dazu auch die erstgeborenen Kinder, so unverständlich uns das heute vorkommen mag. Ich bin, denke ich, auf mir nicht erklärbare Weise von diesen Traditionen eingeholt worden, als ich mich mit Dir auf den Weg nach Moria machte. Wie einen inneren Zwang habe ich es empfunden, das Schreckliche tun zu müssen, und hatte doch keine Möglichkeit, mich dagegen zu wehren. Vielleicht wird es einmal Generationen nach uns geben, die auf Opfer jeder Art verzichten können, und die nicht mehr mit solchen Gottesbildern leben werden.

Ein letzter Gedanke, lieber Isaak, den ich Dir als meine ganz persönliche Erfahrung noch mitgeben möchte und von dem ich hoffe, daß er jetzt, nach so vielen Jahren, vielleicht auch Dir helfen kann, das damalige Geschehen als solches nicht zu verdrängen, aber vielleicht doch auch in einem anderen Licht zu sehen. Für mich hat – das kann ich heute sagen – auch dieses dunkle Kapitel in unserer Geschichte einen Sinn. Ich meine damit: In einem langen Lernprozeß hat es mir die Augen geöffnet, und ich bin seit dieser Zeit bemüht,

Euch, den Kindern und den Enkeln, unseren Gott auf eine ganz neue, liebevollere Art nahezubringen, als ich es selbst gelernt habe.

Ich bin heute überzeugt davon, daß nicht Gott mich geschickt hat, jenes Schreckliche zu denken und zu tun, sondern daß gerade er mich im letzten Augenblick davon abgehalten hat! Gott, der uns das Leben gab, will auch Leben erhalten und nicht zerstören. Und Gehorsam ihm gegenüber besteht in lebensfördernden Taten.

Verstehst Du, Isaak; ein ganz neues Verständnis von Gott und damit auch eine ganz neue Sicht des Lebens ist es, was ich gelernt habe und was ich Euch gerne mitgeben möchte. Daß dazu dieser schwere und dunkle Umweg gegangen werden mußte, der Dich fast das Leben und mich alle Hoffnung gekostet hätte, bedrückt und belastet mich. Aber vielleicht kannst auch Du lernen, ein wenig zuversichtlicher auf Dein vergangenes und zukünftiges Leben zu schauen, wenn Du weißt, daß mit unserer Generation hoffentlich ein neues Verständnis von Gott und seiner geliebten Welt Raum gewinnt. Wir können nicht ausradieren, was war, aber wir können ihm einen Sinn geben, indem wir daraus lernen.

In der Verwandtschaft und anderswo gibt es heute noch viele, die für diese neue Sicht des Glaubens kein Verständnis haben. Sie sagen: Gott war immer so und wird immer so bleiben. Und deshalb wollen auch sie sich nicht verändern. Es ist richtig: Gott ist immer derselbe, oder er ist nicht Gott! Aber wir Menschen, wir können uns entwickeln und lernen. Und unser Verständnis von Gott wird reifen müssen. Wir dürfen unsere jeweiligen Bilder von Gott nicht mit ihm gleichsetzen und schon gar nicht unsere vernichtenden Phantasien auf ihn übertragen. Er ist uns voraus, immer voraus. Und er wird sich als unser Gott je neu erweisen. Und ich bin heute überzeugt davon, seit jenen Tagen in Moria, daß er sich als menschenfreundlicher Gott erweist.

Mit unser beider Namen wird sich wohl auf ewig jenes Geschehen in Moria verbinden, und ich wünschte, ich könnte das rückgängig machen. Aber ich hoffe, daß sich mit unser beider Namen auch diese neue Sicht von Gott und dem menschlichen Leben verbinden wird. Und ich hoffe, daß der Gehorsam, mit dem ich nach wie vor versuche, Gott zu dienen, nicht wegen dieses einen Geschehens als Kadavergehorsam gepriesen wird. Vielmehr soll er verstanden werden als ein Nachfolgen im Glauben, das sich gerade dadurch als Gott gehorsam erweist, daß es uns von unseren lebensvernichtenden Phantasien und Taten befreit und neue Wege weist.

Mein lieber Isaak, der Brief ist sehr lang geworden. Aber es sind keine Belanglosigkeiten, nach denen Du mich gefragt hast. Es ging um Leben und Tod. Darum mußte ich ein Stückchen weiter ausholen. Ich hoffe, ich habe Dir ein wenig weiterhelfen können in Deinen verzweifelten Fragen. Und doch bleibe ich zugleich auf ewig in Deiner Schuld. Laß nicht das einzelne dunkle Geschehen in Deiner und meiner Vergangenheit die Oberhand behalten, sondern sieh uns beide als Werkzeuge der Geschichte an, denen solches geschehen mußte, damit viele daraus lernen mögen.

Ich schließe Dich in die Arme und bleibe

Dein alter Vater Abraham (G. L.)

Lieber Vater!

Voller Unruhe und Angst habe ich auf Deine Antwort gewartet; jetzt bin ich fast erleichtert darüber, daß Du Dich so offen meinen Anklagen gestellt hast. Es mildert meinen maßlosen Zorn, ja meinen Haß gegen Dich, wenn ich sehe, wie auch Du an diesem entsetzlichen Gang nach Moria gelitten hast.

Zum ersten Mal in all den Jahren sehe ich Dich nicht mehr nur als Täter, sondern zugleich auch als Opfer: als Opfer der damals herrschenden religiösen Traditionen, die meinten, durch Opfergaben Gott gnädig stimmen zu müssen – und als Opfer Deiner eigenen Unfreiheit: Du konntest mit diesen lebensfeindlichen Gottesvorstellungen nicht so umgehen, daß Du Dich ihnen hättest entziehen können.

Es erleichtert mich, Vater, daß Du Dich nicht länger in Ausreden flüchtest, daß Du das grauenvolle Geschehen nicht als eine Art Spiel zu bagatellisieren versuchst oder gar deine eigenen sadistischen Seiten, deine Gewalt-, Macht-, und Tötungsphantasien als Gottes Willen deklarierst. Es erleichtert mich, daß Dein Stolz es zuläßt, Deinen Mordplan gegen mich als Dein ureigenes Schuldigwerden an mir zu erkennen und einzugestehen.

Wie viele Menschen, so mußte ich auch denken, machen es sich heute immer noch allzu leicht damit, daß sie die eigenen dunklen Seiten auf Gott projizieren und schnell geneigt sind, Gott für das Leiden in der Welt verantwortlich zu machen, das sie im Grunde selbst verursachen. Wir müssen schon selbst zu unseren dunklen Seiten stehen und versuchen, damit so umzugehen, daß wir weder uns selbst noch andere damit zerstören. Und gerade deshalb will Gott auch nicht, daß wir Opfer bringen und uns vielleicht gerade das Liebste und Wertvollste aus dem Herzen reißen. Gottes Liebe können wir uns nicht durch fromme Leistungen oder gar seelische Selbstverstümmelung verdienen, so wie Liebe sich nie – auch unter Menschen – durch Aufopferungen irgendwelcher Art erzwingen oder verdienen läßt. Da denke ich inzwischen ähnlich wie Du jetzt, Vater.

Aber, daß Du im nachhinein letztlich doch versuchst, diesem entsetzlichen Geschehen einen Sinn zu verleihen – da komme ich nicht mit. Daß Du letztlich für Dich selbst diesen grauenvollen Weg als „schweren und dunklen Umweg“ verstehst, durch den Dir selbst und den kommenden Generationen eine neue Sichtweise Gottes möglich geworden ist, kann ich insofern nachvollziehen, als Dir auf diese Weise vielleicht – trotz allen Schuldeingeständnisses – doch noch eine heimliche nachträgliche Selbstrechtfertigung gelingt.

Aber ist es nicht gefährlich, solche grauenvollen Handlungen im nachhinein als zwar bittere, aber letztendlich doch notwendige Schritte auf dem Weg zu neuen Einsichten zu deuten? Es läge doch, wollte man diesen Gedanken weiterspinnen, ein unglaublicher Zynismus darin, Kriege oder die Vernichtung ganzer Völker im nachhinein als sinnvoll zu deklarieren, weil man dadurch etwas gelernt hat, was die Geschichte vorangebracht hat.

Ich selbst kann mein Martyrium von Moria so nicht verstehen. Bei so mancher schmerzhaften Erfahrung in meinem Leben kann ich heute wohl sagen: das hat mich selbst ein Stück weitergebracht, mir neue Einsichten und Einfühlungsfähigkeit in andere geschenkt und so für mein Leben einen Sinn gehabt. Deine Tat aber bleibt sinnlos: nichts ist daraus entstanden, was mein Leben in irgendeiner Weise weitergeführt hat, im Gegenteil: mein Vertrauen in Dich, Vater, und seither in jeden Menschen, ist grundsätzlich gestört; Rebekka und die Kinder bekommen mein abgrundtiefes Mißtrauen täglich zu spüren. Und wo sollte ein Sinn zu finden sein in all den schlaflosen Nächten und grauenvollen Alpträumen, in den mich verfolgenden Schreckensphantasien und Angstzuständen, die mich seither fast wahnsinnig machen?

Ich halte es für undenkbar, daß wir durch *diese* Tiefen hindurch mußten, um Gott in neuer Weise erleben zu können. Ich bin sogar fest davon überzeugt, daß Du ihn gerade in frohen, beglückenden Erlebnissen als menschenfreundlichen Gott hättest erfahren können; für diese Erkenntnis kann meine Todesangst nicht notwendig gewesen sein müssen.

Ich versuche weder, dieses Geschehen zu verdrängen, noch es religiös zu verbrämen, indem ich ihm nachträglich einen Sinn zu verleihen suche, den ich nicht finden kann. Ich versuche, dieses für mich Sinnlose in meinem Leben auszuhalten und hoffe, daß es umwoben und mitgetragen wird von dem, was ich in meinem Leben als sinnvoll erlebe. Letztlich vertraue ich darauf, daß die heilvollen Erfahrungen mich halten und auf Dauer auch heilen.

Aber darüber müßten wir vielleicht noch einmal miteinander reden, Vater!

Wenn wir auch in unterschiedlicher Weise mit dem Geschehen von Moria umgehen, so bin ich doch befreit dadurch, daß das Dunkle jetzt nicht mehr unausgesprochen und damit auch unberechenbar über mir – oder besser gesagt: über uns – liegt, sondern daß es dadurch, daß es beim Namen genannt wurde, faßbarer geworden ist.

Fast habe ich das Gefühl, als seien wir jetzt so etwas

wie Schicksalsgefährten geworden dadurch, daß sich das *an*einander erlebte Leid zu einem *mit*einander erlebten Leid zu wandeln beginnt. Jetzt erscheint es mir als unverständlich, daß wir es nicht schon viel früher gewagt haben, das dunkle Kapitel zwischen uns aufzuschlagen und – wie man so sagt – aufzuarbeiten. Aber vielleicht wären wir zu einem früheren Zeitpunkt auch gar nicht dazu fähig gewesen.

In jedem Fall bin ich heilfroh, daß wir jetzt das jahrelange Totschweigen von einem Teil unseres Lebens durchbrochen und uns der Wahrheit gestellt haben. Gott sei Dank war es noch nicht zu spät dazu.

So laß auch mich Dich heute ganz behutsam in die Arme nehmen,

Dein Sohn Isaak (Ch. SN)

Jakob und Esau

Was heißt hier schon Bruder?

Ich lebe aus der tiefen Gewißheit heraus,
daß Gott mich auch liebte,
als ich Dich betrog
und als ich mir nahm,
was ich mir und meiner Bestimmung
schuldig zu sein glaubte.

Lieber Esau!

Tag und Nacht treibt mich die Sehnsucht, zurückzukehren in meines Vaters Haus, zurückzukehren aus der Fremde, in die ich damals aus Angst vor Deiner Rache geflüchtet bin, die Sehnsucht, heimzufinden zu mir selbst. Aber ich habe bis heute nicht meine Angst vor Dir verloren, die Angst vor Deiner Vergeltung, die Angst davor, daß Du mich und das, was ich liebe, vernichten willst.

Aber Du weißt: Mut und Tapferkeit waren nie meine Stärke, hätte ich mich sonst damals bei Nacht und Nebel davongestohlen? Ich will Dir erzählen, wie es mir ergangen ist in all den Jahren – aber verzeih, ich muß da vorher noch einmal bei unserer Kindheit anfangen.

Als Mutters Liebling erlebte ich mich von klein auf als eine Art Märchenprinz; in mir wuchs die Gewißheit göttlicher Erwählung, göttliches Kind zu sein. Aus diesem Gefühl des Geliebt- und Angenommenseins erwuchs mir auch die Selbstsicherheit, mir im Leben nehmen zu können, was ich wollte. Und ich wollte alles: Geld und Macht. Ich wollte nicht als Zweitgeborener ewig in Deinem Schatten stehen, zusehen, wie Du aus der Fülle des väterlichen Segens Dein Leben gestalten würdest, – hast Du doch seit eh und je Vaters Zuneigung genossen, warst immer der Starke, der mich als Muttersöhnchen belächelt hat. Ich wollte Euch beiden zeigen, daß ich auch ein Mann war. Und wer so dumm ist, dachte ich, seine Erstgeburt um einen Teller Linsen zu verkaufen, der hat den Segen nicht verdient. Warst Du mir auch körperlich überlegen, so hatte ich doch Köpfchen. Aber das Gefühl der Überlegenheit, das ich Dir gegenüber endlich einmal hatte, war trügerisch: Mutter verriet mir Deine Rachepläne, und so floh ich, fort von allem was mir Heimat gewesen war.

Aber Gott hat mich nie im Stich gelassen. Auch in der Fremde, als ich um mein Leben bangte, machte ich immer wieder Erfahrungen göttlicher Selbstvergewisserung, die mich innehalten ließen. Als mir Gott im Traum bei Bethel in seinen Engeln begegnete, war ich von Furcht ergriffen, aber diese Furcht hatte eine andere Qualität als die Todesangst, in der ich vor Dir geflohen war. Ich würde dieses Gefühl heute als Ehrfurcht bezeichnen: ich spürte, daß ich nicht mehr vor mir selbst davonlaufen mußte, und daß ich mich ganz auf Gottes Schutz und Führung einlassen konnte. Es war mir zur Gewißheit geworden, daß Gott mich, den Betrüger, liebt.

Ein neuer Tag brach an in mir, und ich wußte, daß ich irgendwann würde zurückkehren und Heimat finden können. An diesem Morgen konnte ich Gott geloben, daß ich von allem, was er mir geben würde, den zehnten Teil zurückgeben wollte. Ich, der ich bis dahin nur hatte nehmen wollen, war zum ersten Mal bereit, etwas geben zu wollen. Diese Nacht, in der mich Gottes Engel leise berührten, war der Beginn einer Wandlung. Vielleicht stünde ich sonst heute nicht hier.

Sieben Jahre habe ich dann bei unserem Onkel Laban um die Hand seiner hübschen Tochter Rahel gedient. Und dann versuchte er mich zu täuschen, indem er in der Hochzeitsnacht heimlich ihre unattraktive Schwester Lea zu mir schickte. Nach Ende der Brautwoche wurde zwar auch Rahel meine Frau, aber ich mußte noch einmal sieben Jahre um sie dienen. Damals habe ich am eigenen Leibe zu spüren gekriegt, was es heißt, übers Ohr gehauen zu werden. Ich muß allerdings gestehen, daß mir mein Betrug an Dir dabei nicht in den Sinn gekommen ist. Aber vielleicht gelang Laban der Betrug eben deshalb, weil ich den Betrug an Dir verdrängt hatte. Denn so ist es wohl: was ich selbst verdränge, wirkt in anderer Weise um ein Vielfaches auf mich zurück.

Mit viel Schläue und List habe ich mir dann eine große Herde herangezüchtet, was mir bei meinen Schwagern dann wieder den Ruf des Betrügers einbrachte. Aber das ist typisch: wenn einer ein bißchen pfiffiger ist als die anderen, wird er aus Neid und Mißgunst verleumdet. Und Gott erwies sich mir immer noch und immer wieder als treu, Gott machte mir Mut, aufzubrechen in die Heimat. Ich spürte die tiefe innere Gewißheit, daß die Zeit gekommen war, zurückzukehren zu Dir und zu unserem Vater. Und jetzt, wo die Begegnung unmittelbar bevorsteht, komme ich schier um vor Angst. Ich habe solche Sehnsucht, nach Hause zu kommen, versöhnt zu sein – aber die Angst, auf Dich zuzugehen und Dir in die Augen zu schauen, raubt mir den Schlaf. Ich weiß ja nicht, wie es Dir in all den Jahren ergangen ist, ob Du Dich noch rächen willst. Ich hoffe und wünsche mir, daß Dich meine Geschenke, die ich Dir entgegengeschickt habe, versöhnlich stimmen.

Dein Jakob (Ch. SN)

Lieber Jakob,

zwanzig Jahre sind eine lange Zeit. Ich habe Dich nicht vergessen in all den Jahren. Wie könnte ich je?! Sicher, Du warst weitgehend aus meinem Leben verschwunden. Die alten Geschichten lagen am Anfang wie eine schwere Last auf mir. Ich habe eigentlich nie richtig begriffen, was damals wirklich geschehen ist. Ich habe nur dumpf gespürt, daß das, was Du mir gestohlen hast, etwas unendlich Lebenswichtiges gewesen ist. Ich war verzweifelt, enttäuscht, verbittert. Aber dann haben die Jahre geholfen zu vergessen, zu verdrängen – ich weiß es nicht. Das Leben mußte weitergehen. Und es ging weiter. Nicht leicht für mich. Du weißt, was Vater mir damals vorausgesagt hatte; dieser verfluchte zweite Segen: „Weit weg von guten Feldern wirst du wohnen, kein Tau vom Himmel wird dein Land befeuchten, ernähren mußt du dich mit deinem Schwert ..."

Kannst Du überhaupt ermessen, Jakob, was das bedeutet? Ich habe dann noch einmal versucht, Vater gnädig zu stimmen, ihn auch für mich zurückzugewinnen. Ich habe noch einmal geheiratet. Dieses Mal eine Frau aus unserer Stammesverwandtschaft. Aber geändert hat das nichts. Wir haben unsere Kinder groß gezogen. Uns mehr schlecht als recht ernährt. Das Leben ist kein Kinderspiel, das kann ich Dir sagen.

Und jetzt Dein Brief! Nach all den Jahren. Die Vergangenheit schien schon abgehakt. Dein Brief, der so vieles wieder aufwühlt. Vergangenes wieder lebendig werden läßt. Weißt Du eigentlich, was Du anrichtest?!

Du willst nach Hause zurückkehren. Jakob, der clevere, der das Leben spielerisch meistert, sehnt sich nach Geborgenheit und Heimat. Jakob, der es immer verstand, sich zu nehmen, was er wollte, sucht nun auf seine alten Tage den Frieden. Jakob, der sich selbst verwirklicht auf Kosten anderer, möchte nun zum äußeren Reichtum auch noch die innere Zufriedenheit.

Lieber Bruder, entschuldige meinen spöttischen Unterton. Aber ich merke, wie in mir der alte Groll wieder aufsteigt. Ich weiß noch, wie ich mir damals geschworen habe: So ungeschoren kommst Du nicht davon. Eigentlich bin ich kein Mensch, der ewig nachträgt oder Rachegedanken in sich hat. Ich kann mich an so vieles aus unserer Kindheit erinnern: Spiele, Gespräche. Du hast mir so oft zu verstehen gegeben, daß ich mit Dir nicht mithalten kann. Sicher, ich war immer der Stärkere, aber das war rein äußerlich. Der Mensch fürs Grobe. Viel Muskeln, aber wenig Kopf. Das habt Ihr beide, Mutter und Du, mir oft genug zu verstehen gegeben. Du mit Deiner immer etwas überheblichen spitzen Zunge.

Das alles habe ich geschluckt. Es hat mir auch nicht so viel ausgemacht, obwohl ich im nachhinein manchmal überlege, wie demütigend es war.

Aber das alles trage ich Dir nicht nach. Die Gaben und Begabungen sind nun mal unterschiedlich verteilt, und ich hatte, glaube ich, auch nie solche Ansprüche, wie Du sie ans Leben gestellt hast.

Aber eines habe ich immer sehr stark verspürt: ein Gefühl für Recht und Gerechtigkeit. Vater hat mich gemocht, glaube ich, auf seine etwas spröde Art und Weise. Du kannst Dir überhaupt nicht vorstellen, was in mir zerrissen ist, als ich nach Deinem Betrug am Bett des Vaters stand und er mir – eher verzweifelt – sagen mußte, es sei nun kein anderer Segen mehr zu vergeben als dieser zweite, der ein Fluch war. Ich verstehe das bis heute nicht, warum das so war. Und ich weiß auch nicht, womit ich das verdient habe. Aber ich spüre die Ungerechtigkeit dieser Tat, die mein ganzes Leben dann beeinflußt hat.

Verstehst Du das, Jakob?! Ich habe gar nichts dagegen, daß es Dir gut geht. Ich finde es auch in Ordnung, daß Du Deine Gaben eingesetzt hast, um Dein Leben zu meistern. Und nebenbei: Daß Du in Onkel Laban auch einmal Deinen Meister gefunden hast, was List und Schläue betrifft, das hat mich eher belustigt. Aber ich habe es Dir nicht gewünscht.

Was ich nur nicht ertragen kann, ist der Ton der Selbstgerechtigkeit, der auch heute noch in Deinem Brief mitschwingt. Irgendwie bist Du noch immer stolz auf Deine Betrügereien. Du findest Dich so in Ordnung, wie Du bist. Sicher, hier und da gestehst Du Dir ein, vielleicht etwas zu weit gegangen zu sein. Aber im großen und ganzen bist Du doch überzeugt, richtig gehandelt zu haben und schreckst nicht davor zurück, von „Erfahrungen göttlicher Selbstvergewisserungen“ zu sprechen. Das ärgert mich und läßt mich auch heute noch aggressiv werden. Kein Wort in Deinem Brief fragt danach, wie es mir im Laufe der Zeit ergangen ist. Wie ich mit meinem Schicksal fertig geworden bin. Ich habe den Eindruck, Du denkst nach wie vor nur an Dich selbst. Und deshalb scheint mir das Wort Versöhnung, wenn Du es in den Mund nimmst, unwahrhaftig. Versöhnung hat doch auch etwas zu tun mit Einsicht und Umkehr. Kein Mensch will, daß Du auf Knien dahergekrochen kommst. Ich will Dich nicht demütigen. Aber ich möchte, daß Recht Recht bleibt und Unrecht Unrecht genannt werden kann.

Im Augenblick geht mir zuviel im Kopf herum. Ich habe auch nicht die Gabe, Dir meine Gefühle so präzise mitteilen zu können.

Ich werde über alles noch sehr intensiv nachdenken und schreibe Dir dann wieder. Vielleicht läßt Du in der Zwischenzeit noch einmal von Dir hören.

Dein Esau (G. L.)

Lieber Esau!

Dein Brief hat mich umgetrieben. Ich konnte nicht mehr essen, nicht mehr schlafen. Ja, es stimmt: Ich habe kaum daran gedacht, wie es Dir ergangen ist in all den Jahren. Ich habe mich letztlich nie damit auseinandergesetzt, was es für Dich hieß, mit dem zweiten Segen des Vaters leben zu müssen, der eigentlich nur ein Fluch war, der für Dich von der Fülle des Lebens nichts mehr übrig ließ.

Aber: wie wäre es umgekehrt gewesen? Nur ein paar zufällige Minuten bei unserer Geburt hätten *mich* als zweitgeborenen Zwilling nach altem Recht dazu verdammt, mich mühselig und erfolglos durchs Leben zu schlagen. Wäre das gerecht gewesen?

Heute sagst Du es ja selbst: daß Du nicht begreifst, warum das so ist, warum es ungeschriebene Gesetze gibt, nach denen der eine mehr bekommt in unserer Welt und für den anderen nichts mehr übrig bleibt. Aber damals: Hast Du Dir in unserer Jugend mal überlegt, was es für mich hieß in unserer Gesellschaft als der aufzuwachsen, der allein schon aufgrund seiner Geburt benachteiligt war: immer der zweite, immer hintangesetzt? – Und in der Tat: da war mir jedes Mittel recht, aus dieser Rolle herauszukommen. Mutter ging es wohl ebenso, so daß sie in mir die letzten Selbstzweifel ausräumte und mich zum Handeln ermutigte: Frauen tun sich da ohnehin im allgemeinen leichter, festgefahrene Regeln zu durchbrechen. Aber wenn Du glaubst, ich hätte das Leben aufgrund meiner List gemeistert, irrst Du Dich gewaltig, lieber Bruder. Glaub mir, mein Hochmut von einst ist mir vergangen. Ich bin momentan recht angeschlagen. Aber ich denke, das muß ich Dir genauer erzählen. Ich hatte ein schlichtweg unbegreifliches Erlebnis: In der vergangenen Nacht lag ich wach – wie so oft –, wälzte mich von einer Seite auf die andere. Immer wieder gingen mir Deine Zeilen durch den Kopf; alte Bilder aus Kindheitstagen stiegen in mir auf!

Plötzlich sah ich alles wieder vor mir: wie Du zum Vater gingst, um dich segnen zu lassen; Mutter und ich lauernd in der Küche. Das Herz schlug mir bis zum Hals. Diese gottverdammte Dunkelheit und Einsamkeit. Ich wußte nicht mehr aus noch ein. War ich wirklich bereit, mich zu versöhnen und einen neuen Anfang mit Dir zu suchen? Oder wollte ich nur endlich nach Hause, egal wie? Was war mir mein Leben noch wert? Selbstzweifel und Ängste machten mich halb irre. Zurück konnte ich nicht mehr, aber wie sollte die Zukunft aussehen? Was würde mir Heimat sein? Würde ich nach Hause und endlich zur Ruhe kommen, oder würden mich dieses Heimweh und diese Sehnsucht nach der letzten Erfüllung meines Lebens verrückt machen? Kaum sank ich in den Schlaf, überfielen mich Alpträume, aus denen ich schweißgebadet wieder aufschreckte. Dunkle Schatten erhoben sich wie Riesen, mich zu vernichten. Ich schrie wie wahnsinnig, schrie noch einmal um Gnade: „Ich lasse dich nicht, du segnest mich denn!" Mir war, als fragte mich eine Stimme nach meinem Namen und ich nannte ihn: Jakob – das heißt: Betrüger, – und als solcher hatte ich auch gelebt. Und die dunkle Stimme in der Tiefe sprach zu mir: Du sollst von jetzt an Israel heißen – das heißt: Gottesstreiter, denn Du hast mit Gott gerungen. In dieser Nacht, in der ich mit mir kämpfte, im Abgrund tiefster Verzweiflung und dem Gefühl letzter Gottverlassenheit, erfuhr ich, was es heißt, Gott in der

Tiefe zu erfahren: ich spürte, daß das, was meine Existenz bisher bestimmt hatte, daß Jakob – der Betrüger in mir – überwunden wurde. Gottes Kraft hat mich gepackt, hat mich geschüttelt und nahezu völlig aus der Bahn geworfen, und dieser Kampf zeichnet mich bis in meinen neuen Namen hinein. Glaub mir, diese Nacht der totalen Erschütterung hat ihre Spuren an Leib und Seele bei mir hinterlassen.

Langsam wurde ich ruhiger, spürte, wie erschöpft ich war. Allmählich konnte ich wieder durchatmen. Ich spürte, wie mir ganz langsam neue Kräfte zuströmten. Mit der Morgendämmerung erwachte in mir das Licht einer neuen Hoffnung. Ich spürte Gottes Segen in der Kraft, mich auf den neuen Tag einlassen und auf eine friedliche Begegnung mit Dir hoffen zu können, als einer, der schwer angeschlagen und für den Rest seines Lebens gezeichnet, der aber nicht daran zerbrochen ist. Weißt Du, als ich mir damals den Segen von Dir erschlich, hatte ich die Vorstellung, ein gesegnetes Leben sei ein endlos glückliches Leben, reich an Macht und Geld, wo einem wie an der Mutterbrust stets aller Lebenshunger gestillt wird. Nein, das hat mich das Leben gelehrt: Gottes Segen erweist sich oftmals schon darin, daß es überhaupt eine Hoffnung auf ein neues Morgen gibt, daß es überhaupt irgendwie weitergeht.

Mein Leben war und ist wahrlich keine Glanzleistung: Betrügen und betrogen werden, Flucht und Fremde, Liebe und Angst, Fruchtbarkeit und Versagung, Gewinn und Neid, und immer wieder diese abgrundtiefe Sehnsucht heimzukommen, anzukommen bei den eigenen Wurzeln. Und eben dieses Leben ist ein gesegnetes Leben. In jeder Lebensphase habe ich Gottes Zuwendung erfahren. Ich lebe aus der tiefen Gewißheit heraus, daß Gott mich auch liebte, als ich Dich betrog und mir nahm, was ich mir und meiner Bestimmung schuldig zu sein glaubte. Ich vertraue darauf, daß mich der Segen

Gottes auch in die Zukunft führt und uns in unserem Wiedersehen einander auch begegnen läßt.

Als unser Vater einst diese ungleichen Segen über uns verteilte, sagte er, daß Du mein Knecht und ich Dein Herr sein sollte. Jetzt will ich es umdrehen: Du bist mein Herr und ich bin Dein Knecht: Ich will mich vor Dir beugen und hoffe, daß Du auf mich zugehen und mich gnädig annehmen kannst.

Erfüllt von Angst, Hoffnung und Demut

Dein Jakob-Israel (Ch. SN)

Lieber Jakob,

heute hat mich Dein zweiter Brief erreicht. Er klingt anders als alles, was ich bisher von Dir gehört habe. Und trotzdem bleiben so manche Fragezeichen. Du schreibst: „Ich lebe aus der tiefen Gewißheit heraus, daß Gott mich auch liebte, als ich Dich betrog ..." Ich kann das nur sehr schwer annehmen, das wirst Du verstehen! In gewisser Weise bin ich ja das Opfer Deiner Selbstverwirklichung. Und was Du von mir letztlich verlangst, ist: „ja" zu sagen zu Deiner Entwicklung, die an entscheidenden Stellen auf meine Kosten geschah. Noch mehr: Der Glaube unserer Väter ist ja auch mir mit in die Wiege gelegt worden. Und wenn Gott auf Deiner Seite war, als Du mich betrogst, dann kann ich nur mit leeren Händen dastehen und sagen: Auf *meiner* Seite war er dann offensichtlich nicht. Für mich hatte er nichts mehr übrig, nachdem er die Fülle seiner Gnade über Dich ausgegossen hatte. Wenn das so wäre, lieber Jakob, dann könnte ich mit diesem Gott nichts mehr anfangen, mein Leben wäre im Grunde schon tot.

Ich habe Dir damals geschrieben, daß ich bis heute nicht verstehe, warum unser Vater Isaak nach Deinem Betrug keinen guten Segen mehr für mich übrig hatte. Gibt es im Leben denn nur schwarz-weiß? Die Begnadeten und die Verlorenen? Die Gesegneten und die – ja, soll ich's so deutlich ausdrücken – und die Verfluchten? Vielleicht ist das im Leben so, wenn ich mich umschaue; ich weiß es nicht.

Aber daß die Gesegneten, die reich Beschenkten, die Begabten da, wo sie ihre Begabungen zu Betrügereien mißbrauchen, auch noch Gott auf ihrer Seite beanspruchen, das will mir nicht in den Kopf. Damit versuchen sie ja nur, ihre Verbrechen zu rechtfertigen.

Ich glaube nicht, lieber Jakob, nachdem ich Deinen Brief mehrere Male gelesen habe, daß Du das so meinst. Du bist mir in den letzten Wochen näher gerückt. Immer und immer wieder habe ich mich mit Dir innerlich auseinandergesetzt. Nach aller Empörung haben doch auch die guten Erfahrungen und Erinnerungen an gemeinsame Erlebnisse wieder Oberhand in mir gewinnen können.

Wenn ich versuche, das, was Du mir schreibst, mit Deinen Augen zu betrachten, dann kann ich es vielleicht auch besser verstehen. Ich glaube nicht mehr, daß Du Deine Verhaltensweise rechtfertigen willst. Stattdessen beschreibst Du ein sehr existentielles Erlebnis. Ich meine das, was Dir am Jabbok widerfahren ist. Du hast es als unendlich wohltuend empfunden, gerade nicht wegen, sondern trotz Deiner Schwächen und Fehler angenommen zu sein. Und Du hast begriffen, daß der Segen Gottes nicht einfach unendliches Glück und materielles Wohlergehen bedeutet, sondern daß gesegnetes Leben auch Leiden heißen kann, gezeichnet werden, angeschlagen sein. Aber daß es entscheidend bedeutet, in allen Schwächen doch um ein Morgen zu wissen und sich darauf freuen zu können.

Irgendwie beneide ich Dich darum. Um Deinen Glauben. Um Dein – so verstanden – gesundes Selbstbewußtsein. Dir ist im Leben etwas geschenkt worden, mehr noch: Du hast es Dir ertrotzt, erkämpft, was viel wichtiger ist als materielles Wohlbefinden: Dieses Wissen um Dein Angenommensein, um den Gott-mit-Dir! Und – wie das Leben so ist – fliegt Dir natürlich auch von allen Seiten viel mehr an äußerem Wohlergehen zu.

Ich beneide Dich darum, weil *ich* so viel schwerer lebe. Mir fehlt Deine Freiheit, die heute – denke ich – nicht mehr auf Kosten anderer sich aufbaut, sondern viel mehr in sich selber ruht.

Ich beneide Dich darum, doch zugleich freue ich mich mit Dir auch darüber. Es ist keine überschwengliche Freude. Dafür sitzen die alten Erlebnisse zu tief und tun auch heute noch weh. Aber vielleicht kannst Du mir in Zukunft ja auch helfen, mit dem Erlebten besser fertig zu werden und läßt mich ein wenig teilhaben an Deinem neuen Selbstverständnis, oder soll ich besser sagen: an Deinem neuen Gottesverständnis?!

Vater hatte keinen guten Segen für uns beide übrig. Vielleicht war er noch zu sehr gefangen in den Denkschemata unserer Tradition. Daß nur der Erste erben kann. Daß nur über den ersten Sohn sich die Familie, die Menschheit fortsetzt. Ganz zu schweigen von unseren Schwestern, die völlig leer ausgingen. Vielleicht hat unser Vater Isaak Gott nicht richtig verstanden, so wie Du ihn ja auch mißverstanden hast als Du meintest, Dir nur mit Hilfe des Betruges Dein menschliches Recht auf Anerkennung, auf Wohlstand, auf Lebensglück sichern zu können. Ich weiß, lieber Bruder, ich habe da leicht reden. Mir wäre ja ohnehin alles zugefallen, ohne daß ich einen Finger hätte krümmen müssen. Das verstehe ich jetzt nach Deinem Brief viel besser. Wem ohne eigenes Zutun alles zufällt, der kann auch sehr schnell von Gewaltlosigkeit, von Aufrichtigkeit sprechen, obwohl ja gerade er auf Kosten der anderen lebt, ohne sich irgendeiner Schuld bewußt sein zu müssen. Er lebt ja einfach innerhalb der gesellschaftlichen Konventionen. Vielleicht gehen die Gedanken unseres Gottes viel weiter als wir es uns in unserer Traditionsverhaftung vorstellen können: Ein Leben für alle, Erst-, Zweit- und Drittgeborenen, Männer und Frauen, das diesen Namen wirklich verdient.

Ich weiß es nicht. Im Augenblick gehen meine Illusionen mit mir durch. Aber Du hast mich durch Deinen Brief dazu veranlaßt, zu träumen von einer anderen Welt, zu denken, daß es für uns beide reichen kann.

Ich weiß, morgen hat mich der Alltag wieder eingeholt. Aber es klingt gut, wenn Du sagst, daß sich Segen darin erweist, daß es unabhängig vom Augenblick eine Hoffnung auf ein neues Morgen gibt, auf erfülltes Leben.

Ich möchte Dir gerne begegnen, Jakob. Ich möchte mit Dir Frieden schließen. Ich weiß, daß damit die Probleme nicht einfach weggewischt werden können und daß auch in Zukunft vieles in mir aufsteigen wird von jener unseligen Vergangenheit.

Aber vielleicht bedeutet Versöhnung ja nicht, am Ende eines Weges fertig dazustehen, sondern den Anfang zu machen auf dem Weg in eine neue gemeinsame Zukunft.

Ein wenig verzagt und doch voller Erwartung grüße ich Dich

Dein Esau (G. L.)

Joseph und seine Brüder

Verraten und verkauft

Heute ahne ich,
was es seinerzeit für euch bedeutet haben muß,
von unserem Vater immer wieder zurückgewiesen
und benachteiligt worden zu sein,
so daß ihr euch damals wohl im stillen erhofft hattet,
selbst mehr an Zuwendung, Anerkennung
und Liebe zu bekommen,
wenn ihr mich, das Lieblingskind
– und damit in euren Augen auch den Störenfried –
beseitigt hättet.

Ein ungeschriebener Brief

Wenn Ihr wüßtet, meine lieben Brüder, wie weh mir ums Herz war, als Ihr neulich so völlig unerwartet am ägyptischen Hof aufgetaucht seid und Euch mit der Bitte, Korn für Eure Familien kaufen zu dürfen, vor mir auf die Erde geworfen habt, ohne auch nur im geringsten zu ahnen, vor wem Ihr da auf die Knie gesunken seid.

Ich hingegen habe Euch sofort erkannt: Deine klaren Augen, Juda, die auch immer etwas Berechnendes haben; und Deine dunkle warme Stimme, Ruben, mit der Du als Ältester von uns zwölf Brüdern auch für mich immer wieder Partei ergriffen und mich vor den anderen in Schutz genommen hast, obwohl ich ja nicht einmal Sohn Deiner Mutter und damit nur Dein Halbbruder bin; wie von Euch allen, die Ihr heute vor meine Augen getreten seid.

Nur Benjamin war nicht bei Euch, Benjamin, der Kleine, den unsere Mutter Rahel bei der Rückkehr unserer Sippe aus Mesopotamien kurz vor Ephrata unter entsetzlichen Schmerzen zur Welt gebracht hat: Benjamin, den sie eigentlich Ben-Oni ‚Sohn meiner Schmerzen' nennen wollte und dem unser Vater Jakob dann, als Mutter schon im Sterben lag, den Namen Benjamin, ‚Sohn meines Glücks', gab.

Für mich, Deinen einzigen leiblichen Bruder, bist Du beides, Benjamin, Sohn des Schmerzes, weil Deine Geburt unserer Mutter, dieser schönen, feinsinnigen und klugen Frau, die ich von ganzem Herzen geliebt habe, das Leben gekostet hat, und Sohn des Glücks, bist Du doch eine leibhaftige Hinterlassenschaft unserer Mutter, lebt sie doch in Dir weiter. Ach, wie sehr sehne ich mich danach, Dich zu sehen, Benjamin, Dich in die Arme zu schließen und zu schauen, ob Du ihr so ähnlich geworden bist, wie Deine Gesichtszüge als Kind es ahnen ließen. Du bist ja damals noch zu klein gewesen, um mit hineingerissen zu werden in die Auseinandersetzungen und schuldhaften Verstrickungen zwischen unseren Halbbrüdern und mir, durch die mein sonderbarer Lebensweg seinen Anfang nahm. Wie lange ist das alles her – und wie sicher war ich mir, mit diesem dunklen Kapitel meines Lebens abgeschlossen zu haben, zumal ich in den letzten Jahren kaum noch an Euch daheim gedacht und nur noch selten von der Kindheit und eben jenem furchtbaren Ereignis damals geträumt habe.

Und nun stand plötzlich mit Euch, ihr Brüder, auch die Vergangenheit wieder sichtbar vor meinen Augen, stiegen, als ihr Euch vor mir niederwarft, die alten Traumbilder wieder in mir auf, die Euch damals so in Wut versetzt hatten: Eure Garben, die sich auf dem Feld vor der meinen verneigten, wie sich auch Sonne, Mond und Sterne vor mir beugten. So haben sich diese Träume nach mehr als zehn Jahren doch erfüllt. Doch der Hochmut, mit dem ich sie Euch damals erzählte, um mich als Vaters Liebling vor Euch wichtig zu tun und Euch zu demütigen und zu erniedrigen, glaubt mir, dieser Hochmut hat seinen Preis gefordert. Niemals in meinem Leben werde ich diesen Augenblick vergessen, als Ihr mich packtet, mir den Ärmelrock, den Vater eigens für mich hatte anfertigen lassen, auszogt und mich in die Zisterne warft. Entblößt und zerschunden, blutend an Händen und Knien, beide Knöchel verstaucht, lag ich voller Schmerzen am Boden dieses ausgetrockneten Brunnens, der Angstschweiß lief mir über das Gesicht und mischte sich mit Tränen und Staub. Und immer wieder tauchten über mir am Rande der Zisterne Eure höhnenden Gesichter auf, die mir wie Fratzen erschienen; endlich war Euch die Rache gelungen, endlich hattet Ihr mich erniedrigt und konntet Euch genußvoll an meiner Angst und meinem Schrecken weiden; im Grunde hattet Ihr ja jetzt meine Traumbilder umgedreht: Anstatt Euch ehrfürchtig vor mir zu beugen, beugtet Ihr Euch grinsend über mich und triebt Euren Spott mit mir; zu guter Letzt habt Ihr es auch noch fertig gebracht, Euch gemütlich am Zisternenrand niederzulassen und Euch an Brot und Milch, Schafkäse und Oliven gütlich zu tun, während ich hungrig und durstig am Boden lag.

Als Ihr mich dann nach quälenden Stunden in sengender Mittagshitze aus dem Loch wieder nach oben zogt, dachte ich, das alles sei ein äußerst übler Scherz gewesen, ein grausames Spiel, mit dem Ihr mich einmal hattet in Angst und Schrecken versetzen wollen, was Euch ja auch gründlich gelungen war. Wütend über die mir angetane Schmach, zugleich aber auch erleichtert, daß der Spuk endlich vorüber war, kletterte ich, von Euch gezogen, nach oben, wußte nicht, ob ich Euch aus Wut ins Gesicht spucken oder aus Erleichterung um den Hals fallen sollte, als Juda schon die Hand ausstreckte, um die Zwanzig Lot Silber in Empfang zu nehmen, die Euch midianitische Kaufleute für mich geboten hatten, um mich als Sklaven mit nach Ägypten zu nehmen. Fassungslos war ich, wie gelähmt, ich konnte nicht glauben, was mir geschah, als ich auch schon auf einem der Kamele saß und sich die Karawane in Bewegung setzte. Der Magen drehte sich mir um, eines klaren Gedankens war ich nicht fähig – wie betäubt wurde ich durch die Wüste geritten, ohnmächtig und hilflos, von den Menschen, die mir am nächsten gestanden hatten, von Euch meinen eigenen Brüdern verraten und verkauft.

Wie groß muß damals Euer Haß auf mich gewesen sein, was muß sich da in all den Jahren in Euch angestaut haben an Neid und Wut, daß Ihr keinen anderen Ausweg mehr wußtet, als mich auf irgendeine Weise endlich loszuwerden; es nimmt mich heute fast Wunder, daß Ihr mich in Eurem grenzenlosen Haß nicht wirklich umgebracht habt.

Aber dann hättet Ihr Vater wohl nicht mehr unter die Augen treten können, denn Ihr wußtet ja, daß er in ganz besonders inniger Weise an mir wie auch an Benjamin hing, weil wir Rahels Söhne sind, Kinder der Frau, die er bis zum Wahnsinn geliebt hat, während er für Lea und die Mägde, Eure Mütter, ja nie besonders viel übrig hatte. Dafür aber, wem Vaters Liebe in besonderem Maße galt, konnten wir alle nichts. Aber ich muß zugeben, daß ich es damals auch außerordentlich genossen habe, Vaters Liebling zu sein, zumal meine Mutter ja nicht mehr am Leben war.

Heute ahne ich, was es seinerzeit für Euch bedeutet haben muß, von unserem Vater immer wieder zurückgewiesen und benachteiligt worden zu sein, so daß Ihr Euch damals wohl im stillen erhofftet, selbst mehr an Zuwendung, Anerkennung und Liebe zu bekommen, wenn Ihr mich, das Lieblingskind – und damit in Euren Augen den Störenfried – beseitigt hättet.

Wie oft habe ich in der ersten Zeit in Ägypten mit den tragischen Verstrickungen meines Schicksals gehadert: wenn Vater unsere Mütter und damit auch uns Kinder hätte gleichermaßen lieben können, dann wäre ich in die Rolle des Lieblingskindes gar nicht erst hineingekommen und säße nicht einsam und verlassen in der Fremde. Oder: wenn meine Mutter Rahel außer Benjamin und mir noch mehr Kinder und ich damit andere ‚richtige Geschwister' gehabt hätte, dann hätte sich Vaters Liebe nicht so auf uns beide konzentriert oder: wenn Mutter noch lebte, dann hätte Vater ihr selbst seine Liebe schenken und seine Liebe uns Kindern gegenüber vielleicht auch gleichmäßiger verteilen können; manchmal war ich mir nämlich nicht einmal so sicher, ob Vater wirklich mich meinte mit seiner innigen Zuneigung, oder ob ich im Grunde so eine Art Ersatzobjekt für seine geliebte Rahel war, so daß er die Gefühle, die eigentlich ihr galten, auf mich nur projizierte, weil ich ihr Sohn und ihr in Gestalt und Wesen so ähnlich war; ja, wenn, wenn, wenn ...

Irgendeinen Schuldigen fand ich schließlich immer für mein grausames Schicksal: heute waren es die Beziehungen zwischen den Eltern; dann war es Onkel Laban, der ja Vaters Ehe mit meiner Tante und Stiefmutter Lea auf so niederträchtige Art und Weise zustandegebracht hatte; ein andermal galt mein Zorn Vaters Unfähigkeit, mit seiner Liebe richtig umzugehen, und dann wieder wart Ihr alle zusammen allein die Verursacher meines Elends; nicht zuletzt ging ich auch immer wieder mit mir selbst, mit meinem jugendlichen Hochmut und grenzenlosen Narzißmus ins Gericht. Immer und immer wieder quälten mich dieselben Fragen, ohne daß ich bei all der Grübelei irgendeine Antwort fand, die mir Ruhe gegeben hätte. Dabei ging es mir äußerlich im Grunde ausgesprochen gut. Ich hatte zunächst Glück im Unglück: Der Kammerdiener des Pharao, ein gewisser Potiphar, nahm mich als Sklave in sein Haus, wo ich schon bald nicht mehr nur Sklave und Diener war, sondern zum Verwalter seines Anwesens wurde. Ich kann nicht leugnen, daß ich die Verantwortung und den gewissen Freiraum, der damit verbunden war, außerordentlich genoß, bis etwas passierte, was mein Leben für die folgenden Jahre von einer Minute auf die andere radikal verändern sollte. Die Frau dieses Potiphar nämlich war mir, das hatte ich schon von Anfang an bemerkt, in ganz besonderer Weise zugetan, was mir zunächst keinesfalls unangenehm war. Immer wieder bat sie mich um kleine Handreichungen und Gefälligkeiten, die ich ihr gern erfüllte. Schließlich aber begann sie mich zu bedrängen, mit ihr zärtlich zu sein, was mir von Mal zu Mal widerwärtiger wurde. Als sie schließlich regelrecht zudringlich wurde, ergriff ich die Flucht; sie aber rief in der Verletztheit ihres weiblichen Stolzes Haus und Hof zusammen und behauptete ganz frech, ich habe sie vergewaltigen wollen. Natürlich glaubte man der Frau, die Rang und Namen hatte, mehr als mir, einem ausländischen Sklaven, zumal sie auch noch meinen Umhang hatte. Ich hatte ihn zurückgelassen, um ihrem Zugriff zu entkommen.

So landete ich unschuldig im Gefängnis, inmitten zahlloser Diebe und Mörder. Wieder war also eine Situation eingetreten, in der ich mich verraten und verkauft fühlte. Kein Wunder also, daß durch diese neue schlimme Geschichte die Erinnerungen an Euren Verrat damals in mir neu belebt wurden. Und die einsamen Nächte in der dunklen Gefängniszelle boten ja auch reichlich Gelegenheit, mich immer wieder mit der Schuldfrage herumzuquälen. Immer wieder stiegen mir die Bilder jenes traumatischen Erlebnisses auf. Stöhnend und schluchzend warf ich mich von einer Seite auf die andere; manchmal sank ich für ein paar Stunden in den Schlaf, aber nur, um auch im Traum mit dem Entsetzlichen konfrontiert zu werden. Jedesmal sah ich mich in der Zisterne sitzen, bis sich schließlich wilde Tiere auf mich stürzten, um mich zu zerfleischen; schweißgebadet erwachte ich dann, zitternd am ganzen Leibe vor Todesangst. Ich versuchte an anderes zu denken, an Schönes, das ich früher zu Hause erlebt hatte, als Mutter noch lebte, oder ich phantasierte mich in helle und beglückende Erlebnisse hinein. Aber je besser es mir durch meine Tagträume gelang, das Schreckliche wegzudrängen, um so heftiger holte es mich in der Nacht wieder ein. Irgendwann gelang es mir schließlich, die furchtbaren Erinnerungen mit all den Ängsten auszuhalten und mich Stück um Stück damit auseinanderzusetzen, ohne dabei stets einen Schuldigen suchen zu müssen, den ich für mein Schicksal hätte verantwortlich machen können. Ich versuchte mich immer mehr der Vergangenheit zu stellen. Und ich lernte dabei allmählich, mir einzugestehen, was ich selbst früher dazu beigetragen hatte, Euren Haß und Eure Wut auf mich zu schüren. Alle möglichen Situationen fielen mir wieder ein.

Wie oft hatte ich seinerzeit einen von Euch bei Vater für lächerlich kleine Streiche angeschwärzt; nichts von Euren ‚Jugendsünden' ist ihm verborgen geblieben. Und jedesmal, wenn ich wieder einen von Euch verraten hatte, wurde ich von Vater gelobt, oft auch mit kleinen Geschenken belohnt und Euch – in all meiner Niedertracht – obendrein auch noch als leuchtendes Beispiel für Ehrlichkeit und Aufrichtigkeit vor Augen gestellt. Wen nimmt es da Wunder, daß gegenseitiges Mißtrauen und Aggressionen immer stärker wurden und fast zwangsläufig zum gegenseitigen Verrat aneinander führten. So genügte allein mein bloßes Erscheinen auf den Feldern damals, um das Faß zum Überlaufen zu bringen.

Indem ich mir so immer wieder die Wahrheit – auch ihre dunklen und wenig ruhmvollen Seiten – vor Augen hielt, sie anzuschauen lernte und alle damit verbundenen Gefühle wie Stolz und Hochmut, Zorn und Verzweiflung durch mich hindurchziehen ließ, gelang es mir allmählich zu betrauern, was ich getan hatte und was mir widerfahren war und beides als Teil meines Lebens anzunehmen. So kam ich langsam wieder zur Ruhe, und fand auch wieder Schlaf, ohne von Schreckgespenstern verfolgt und bedroht zu sein. Vielleicht war es dieser seelische Prozeß, der mich bei aller Trauer über das Vergangene zunehmend den Blick offenhalten ließ für das, was gegenwärtig um mich herum geschah. Jedenfalls wurde ich offener und freier nach außen hin, und ich vermute, daß ich deshalb bald die ‚rechte Hand' des Aufsehers wurde und so auch schnell das Vertrauen meiner Mitgefangenen gewann, denen ich zuhören und in deren Probleme ich mich wohl auch ganz gut einfühlen konnte.

Zwei Jahre hatte ich auf diese Weise mit einem gewissen Handlungsspielraum und allerlei kleinen Freiheiten im Gefängnis verbracht, als sich mein Leben wiederum von einem Augenblick auf den anderen radikal veränderte. Ich wußte gar nicht, wie mir geschah, als plötzlich einige königliche Beamte im Gefängnis auftauchten und mein Name genannt wurde. „Joseph soll an den Hof des Pharao kommen", hieß es, „um seine Traumbilder zu deuten". Offensichtlich hatte es sich herumgesprochen, daß ich einigen ehemaligen Mitgefangenen, unter denen auch zwei Beamte des Pharao gewesen waren, ihre Träume ausgelegt und so für ihr Leben verständlich gemacht hatte.

Voller Dankbarkeit für meine Weisheit und meinen Rat stattete mich der Pharao, der von sieben fetten und sieben mageren Kühen, von sieben vollen und sieben dürren Ähren geträumt hatte, mit allerlei Vollmachten aus. Diese versetzten mich in die Lage, in den bevorstehenden sieben fruchtbaren Jahren für die darauffolgende Dürreperiode umfangreiche Vorräte an Getreide anzulegen, und sie ermöglichten es mir jetzt, wo Hunger und Elend das Land heimgesucht haben und alle Welt nach Korn und Brot schreit, auch Euch, meinen Brüdern, das geben zu können, was ihr zum Leben braucht.

Kein Schmerz, kein Umweg, kein Abgrund, auch kein Verrat war demnach vergeblich, auch die verzweifelten und unglücklichen Stunden, in denen ich mit Gott und der Welt gehadert habe, haben dadurch, daß ich sie ausgehalten und angenommen habe, ihren Sinn gefunden: sie haben mein Leben vorangebracht und mir jetzt neue Begegnung mit Euch geschenkt, und damit letztlich meine innere Rückbindung an meine Heimat, an meine seelischen Wurzeln möglich gemacht.

Wie dankbar bin ich, daß Vater noch lebt und trotz seines hohen Alters vielleicht auch eines Tages die Reise hierher wagt. Nur eines fehlt mir noch zu meinem Glück: Dich, Benjamin, wiederzusehen und durch Dich noch einmal unserer Mutter nah zu sein.

Deshalb habe ich Euch der Spionage und des Diebstahls verdächtigen und Euch für drei Tage ins Gefängnis werfen lassen: damit Ihr so viel Furcht vor mir habt, daß Ihr Euch unter keinen Umständen getraut, ohne Benjamin wiederzukommen.

Zum anderen, das muß ich offen zugeben, auch wenn es mir nicht gerade zur Ehre gereicht, war die Versuchung, mich doch noch ein wenig an Euch rächen zu können, allzu groß gewesen. Zumal die Gelegenheit so einmalig günstig war. Im Grunde meines Herzens habe ich Euch wohl verziehen. Ich kann mein Leben mit all seinen Umwegen und Irrwegen eben als ein von Gott geführtes Leben verstehen und für mich annehmen. Auf der anderen Seite dachte ich allerdings, daß es Euch vielleicht ja auch einmal ganz guttun könnte, am eigenen Leibe zu spüren, was es heißt, ohnmächtig der Gewalt eines anderen ausgeliefert zu sein. Ich hoffte, daß in den dunklen Stunden in den feuchten und muffigen Verliesen des Gefängnisses die Erinnerungen an Eure Schandtat Euch ebenso umtreiben und schlaflose Nächte bereiten würden wie mir damals, als ich mich im Gefängnis anfangs Tag um Tag, Nacht um Nacht mit der Frage nach der Schuld herumgequält hatte. Natürlich hoffte ich dabei im stillen zugleich, daß auch bei Euch mit der Erinnerung die Reue käme über alles das, was Ihr mir, dem kleinen Halbbruder, damals angetan habt, den Ihr vielleicht längst vergessen, ja vielleicht sogar totgeglaubt habt. Im nachhinein allerdings, jetzt, nachdem Ihr wieder abgereist seid, frage ich mich, ob dies wirklich der richtige Weg war, die Vergangenheit in Euch zu beleben. Vielleicht wäre es besser gewesen, ich hätte dieses dunkle Kapitel unserer gemeinsamen Lebensgeschichte bei Eurem nächsten Besuch angeschnitten, an dem ich sowieso vorhabe, mich Euch zu erkennen zu geben. Ihr werdet ja nicht schlecht staunen, wenn Ihr erfahrt, wer da eigentlich vor Euch steht. Auf Eure Gesichter bin ich jetzt schon gespannt.

Ob es uns nach dieser langen Geschichte des gegenseitigen Verrats, der Schuldvernetzung miteinander und all der daraus erwachsenen Leiden aneinander wohl möglich sein wird, daß wir uns jetzt nicht mehr in den Rollen von Tätern und Opfer gegenüberstehen, sondern uns als Brüder begegnen können? (Ch. SN)

Mose und Pharao

Von den Schwierigkeiten, eine Ausreisegenehmigung zu bekommen

---

Nun ist es völlig natürlich,
daß sich Wirtschaftsflüchtlinge nicht nur
den Gegebenheiten des Gastlandes anpassen,
sondern auch ihren Teil
zum wirtschaftlichen Wachstum und Erhalt
des Lebensstandards beitragen.

Verehrter Pharao!

Erlaubt mir, daß ich mich heute erneut mit meinem – Euch schon mehrfach vorgetragenen – Anliegen an Euch wende. Ihr wißt, worum es geht: noch einmal bitte ich Euch mit allem Respekt, aber auch mit allem Nachdruck, das Volk Israel endlich aus der Sklaverei zu entlassen, damit wir unseren eigenen Gott anbeten, unsere eigenen Ziele verwirklichen und über uns selbst bestimmen können.

Vierhundertdreißig Jahre ist unser Volk jetzt in Eurem Land. Bedenkt, welch hohe Anerkennung unser Urvater Joseph einst am ägyptischen Königshof genoß, wie geschickt er damals die drohende Hungerkatastrophe von Eurem Land abwendete und Eure eigenen Urahnen vor dem sicheren Tod errettete. Erinnert Euch der Überlieferung, nach der Euer wertgeschätzter Vorgänger auf dem königlichen Thron Josephs ganze Familie, unsere Urahnen also, mit wohlwollender Gastfreundschaft aufgenommen und ihnen im besten Teil des Landes Grundbesitz zugewiesen hat. Mit Würde und Achtung hat Euer Volk die Fremden, ‚die Söhne und Töchter Israels' – unser Volk! – behandelt, so daß sie heimisch werden und sich zu Hause fühlen konnten.

Verzeiht mir die direkte Frage, verehrter Pharao, aber warum nur hat sich diese politische Haltung von einst, nach der die Fremden in Eurem Land ungehindert neben Eurem Volk leben, mit Eurem Volk zusammen arbeiten und so auch Euren Wohlstand mit erwirtschaften konnten, in eine – ich möchte fast sagen – nationalistische Rassenpolitik verwandelt? Warum müßt Ihr seit Jahrhunderten unser Volk unterdrücken und auslaugen und Euch immer wieder neue Schikanen gegen uns ausdenken? So müssen wir etwa seit kurzem sogar das Stroh zum Ziegelmachen selber holen und dabei die gleiche Anzahl von Ziegeln herstellen wie zuvor. Was hat unser Volk dem Euren getan? Wir haben keinen Krieg gegen Euch geführt und sind auch sonst in keiner Weise gegen Euch und Euer Volk gewalttätig geworden.

Was befürchtet Ihr von uns? In Eurem Volk hört man immer wieder von der Angst vor angeblicher Überfremdung durch unser Volk, weil wir im Laufe der Zeit Kind und Kindeskinder bekommen haben, genau wie Ihr. Aber rechtfertigt das Anwachsen unseres Volkes eine dauerhafte Diskriminierung und Unterdrückung, einen sich in nahezu hysterischer Weise steigernden Fremdenhaß uns gegenüber? Wir erleben es täglich, daß wir von denen, die früher froh waren, daß wir ihnen die anstrengende und staubige Arbeit in den siedendheißen Lehmgruben abnahmen, mit den übelsten Schimpfnamen bedacht werden. Selbst unsere Kinder jagt man mit Hohn und Spott davon, wenn sie mit Einheimischen spielen wollen. Und wie viele der Älteren fürchten sich davor, daß eines morgens ihre Häuser oder gar ihre Friedhöfe mit Schmutz beworfen oder womöglich zerstört sein könnten.

Was unterscheidet uns denn so wesentlich von Euch, daß keine friedliche Koexistenz unserer beiden Völker mehr denkbar scheint? Wir haben eine andere Geschichte und sprechen eine andere Sprache, aber seit wir in Eurem Land sind, können wir uns untereinander verständigen und sind einander auch von der Mentalität her nicht allzu fremd. Der grundlegende Unterschied ist wohl unsere Religion, der feste Glaube unseres Volkes, daß es nur einen Gott gibt, Jahwe, den Gott unserer Väter und Mütter. Und im Namen dieses Gottes, der unsere Hoffnung auf Zukunft ist, bitte ich Euch zum letzten Mal: laßt uns endlich gehen, damit wir die Selbstentfremdung überwinden und unsere Identität wiedergewinnen können.

Wie oft bin ich schon mit meinem Anliegen vor Euch hingetreten; jedesmal habt Ihr meinen Bruder Aaron und mich schroff zurückgewiesen, und jedesmal mußte Euer eigenes Volk dafür büßen. Glaubt mir: die Tyrannei, die Ihr unserem Volk antut, wirkt auf Euch selbst zurück. Wie viele Katastrophen hat unser Gott schon über Euch und Euer Volk kommen lassen, damit Ihr Euch endlich einsichtig zeigt und uns unter dem Schutz und der Führung unseres Gottes ziehen und uns unseren Weg gehen laßt. Im Namen unseres Gottes sage ich Euch: unendliches Leid wird über Euch und über alle ägyptischen Familien kommen und das Wehgeschrei wird groß sein: alle Erstgeborenen wird unser Gott in Eurem Volk töten, wenn Ihr Euch nicht endlich einsichtig zeigt. Wollt Ihr wirklich die große Totenklage Eures eigenen Volkes mitverantworten?

Die Zeit zum Aufbruch in eine neue Zukunft ist mehr als reif. So bitte ich Euch erneut: Laßt uns endlich gehen – zum Wohle Eures eigenen Volkes – und damit auch wir endlich Heimat und Heilung finden.

Hochachtungsvoll

Mose (Ch. SN)

Mein lieber Mose,

um es gleich offen zu sagen: Dein Brief, eine Mischung aus unterwürfiger Bitte und anmaßender Drohung, gefällt mir nicht. Einige Male schon hast Du bei mir vorgesprochen. Ich schätze Menschen, die ein Ziel vor Augen haben, aber blinder Eifer verdirbt das Geschäft.

Zur Sache: Du bestehst nach wie vor auf einem freien Auszug der Hebräer aus unserem Land. Dabei berufst Du Dich auf einen angeblichen Befehl Eures angeblichen Gottes. Stell Dir nur einmal die umgekehrte Situation vor, ich würde Dir unter Anrufung unserer Götter genau das Gegenteil vortragen. Vielleicht erkennst Du daran, wie zweifelhaft es ist, sich zur Durchsetzung politischer Ziele auf irrationale Autoritäten zu berufen. Also bitte ich Dich, mach Dich nicht lächerlich. Auch ich achte die Götter, aber Religion ist Religion, und Politik ist Politik. Und das sollte man nicht vorschnell und kopflos miteinander vermischen.

Ich respektiere Dich, wenn Du als führender Vertreter dieser Volksgruppe auftrittst und ihre Interessen artikulierst. Gleichwohl ist mir nach längerem Nachdenken immer noch unklar, woher Du als Ägypter überhaupt Deine Legitimation dazu beziehst. Natürlich habe ich Erkundigungen einziehen lassen. Es wird einiges gemunkelt über dunkle Flecken in Deiner Vergangenheit, auch und gerade uns Ägypter betreffend. Aber ich bin kein Mensch, der sich von bloßen Mutmaßungen leiten läßt, und letztlich sind mir die internen Probleme der Hebräer auch relativ gleichgültig.

Was mich interessiert, sind Eure politischen Forderungen. Und da habe ich nicht nur das Recht, sondern sogar die Pflicht als König dieses Landes, unheilvollen Strömungen rechtzeitig entgegenzutreten.

Du bemühst zur Unterstreichung Deiner Forderungen irgendeinen Abschnitt aus Eurer grauen Vorgeschichte, in dem es ein gutes Auskommen zwischen den Hebräern und unserem ägyptischen Volk gegeben haben soll. Schon meinem Vorgänger am königlichen Hof war davon nichts mehr bekannt. Es ist immer dasselbe: Kaum fühlen sich Völker oder bestimmte Volksteile ungerecht behandelt, wühlen sie solange in ihrer Vergangenheit herum, bis sie auf einen bestimmten Geschichtsabschnitt stoßen, der eine Veränderung ihrer gegenwärtigen Lage legitimieren soll.

Verzeih, aber auch hier halte ich mich lieber an die Tatsachen. Fest steht, daß die Hebräer schon seit Jahrhunderten als kleines Minderheitenvolk Gastrecht in unserem Land genießen. Fest steht wohl auch, daß nicht wir sie in unser Land geholt haben, sondern daß sie aufgrund eigener Probleme – ich vermute wirtschaftlicher Art, einer Hungerkatastrophe oder dergleichen – hierher gekommen sind. Nun ist es, denke ich, völlig natürlich, daß sich solche Wirtschaftsflüchtlinge nicht nur den Gegebenheiten des Gastlandes anpassen, sondern auch ihren Teil zum wirtschaftlichen Wachstum und Erhalt des Lebensstandards beitragen. Daß die Hebräer dabei mehr und mehr die Arbeiten übernommen haben, für die sich unter den einheimischen Ägyptern kaum noch Arbeitskräfte finden ließen, das, mein lieber Mose, kann Dich doch nicht sehr überraschen. Oder ist Dir irgendein anderes Land bekannt, in dem diese Arbeitsteilung nach einer anderen Gesetzmäßigkeit funktioniert. Hierbei gleich von nationalistischer Rassenpolitik und von Schikanen zu sprechen, ist völlig abwegig. Da laufen ganz normale Wirtschaftsprozesse ab, und die Kunst des Regierens besteht darin, diese überaus sensiblen Bereiche in einem ausgewogenen Gleichgewicht zu halten. Alles, was dieses Gleichgewicht zu zerstören droht, werde ich nicht unwidersprochen hinnehmen. Schon die kleinsten Unruhen und aufkeimenden Ängste können fatale Folgen für die gesamte Volkswirtschaft haben. So ist es nur allzu verständlich, daß meinen Vorgängern gar keine andere Wahl blieb, als durch härtere Maßnahmen schon den Gerüchten entgegenzutreten, die Hebräer wollten sich in unserem Land durch ihre eigenwillige Bevölkerungspolitik wirtschaftliche und damit letztlich auch politische Vorteile erschleichen. Niemals haben sie sich angepaßt und in aller Bescheidenheit eingeordnet. Immer versuchen sie, ihre Besonderheit herauszustellen, was in unserem Volk natürlich Ängste auslöst und zu Gegenmaßnahmen herausfordert.

Und nun kommst Du daher und verlangst wieder einmal eine Sonderbehandlung. Dabei müßte doch auch Dir, wenn Du einigermaßen vernünftig denkst, einsichtig sein, daß wir selbst bei allem guten Willen dem nicht zustimmen können, daß auf einen Schlag so viele Arbeitskräfte aus dem Wirtschaftsgeschehen ausscheiden. Über einzelne Ausreisen und einen langsamen Veränderungsprozeß ließe sich ja reden. Aber Deine radikalen Positionen führen jedes Gespräch zu einem baldigen Ende. Und wenn Du mir – etwas hinterhältig, wie ich meine – mit dem Vorschlag kommst, zur Pflege Eurer religiösen Traditionen, von denen bisher in dieser Form nur wenig zu spüren war, müßtet Ihr Euch für einige Tage außer Landes begeben, so sehe ich darin doch nur ein Ablenkungsmanöver und die Verletzung der allgemeinen Arbeitspflicht. Ich kann das nicht durchgehen lassen, mein lieber Mose. Das hat wirklich nichts mit Fremdenfeindlichkeit zu tun, sondern meine harte Reaktion auf Dein Ansinnen entspringt einzig und allein pädagogischer Notwendigkeit. Was ich Euch zugestehen würde, könnten bald alle anderen auch mit Recht für sich in Anspruch nehmen wollen, und das Chaos in unserem Land wäre vorprogrammiert. Aus Gründen der nationalen Sicherheit muß ich den Hebräern solche Gedanken austreiben. Denn wer hart arbeitet, der kommt auch nicht auf dumme Ideen.

Bleiben zum Schluß noch Deine Drohungen, unser Volk werde meine Entscheidung büßen müssen, und: Euer Gott werde viele weitere Katastrophen über mein Volk kommen lassen.

Zugegeben – die Naturkatastrophen, von denen unser Land und unsere Wirtschaft in jüngster Zeit heimgesucht wurden, haben mich nachdenklich gemacht. Nicht in dem naiven Sinn, den Du mir vorträgst. Aber ich denke in solchen Augenblicken intensiver über die Zukunft unseres Landes nach. Ob wir etwas falsch gemacht haben mit unserer Politik? Ob wir immer so weiter wirtschaften und expandieren können wie bisher? Ob sich die Natur da nicht irgendwann rächt? Aber die einzige Antwort, die sich mir bei all diesen Überlegungen immer wieder aufdrängt, lautet: Gerade die Zeiten der Not lehren uns, noch stärker unsere Kräfte zu sammeln, Auflösungserscheinungen noch entschiedener entgegenzutreten, neue Techniken zu entwickeln, unser wirtschaftliches Potential noch effektiver zu gestalten, gerade um möglichen weiteren Katastrophen, vor denen niemand geschützt ist, zum Wohle des gesamten Volkes besser begegnen zu können.

Deshalb, mein lieber Mose, würde ich es begrüßen, in Dir als Sprecher der Hebräer einen Partner zu gewinnen. Nimm Abschied von Deinen radikalen Forderungen. Versuche, mäßigend auf die Hebräer einzuwirken. Ungerechtigkeiten gibt es hier und da immer einmal. Darüber läßt sich reden. Laß uns doch miteinander zum Wohle des ganzen Landes handeln, in dem wir wohnen und aufgewachsen sind, und unsere Kräfte nicht in einem sinnlosen Kampf gegeneinander aufzehren.

Mit der Hoffnung auf Einsicht grüßt Dich

Pharao (G. L.)

Hochverehrter Pharao!

Die Tatsache, daß Ihr so ausführlich und differenziert auf meinen Brief und mein Ansinnen, das ich Euch erneut – stellvertretend für das hebräische Volk – vorgetragen habe, eingegangen seid, werte ich als gutes Zeichen für eine neue Gesprächs- und Verhandlungsbasis zwischen uns.

Ich freue mich, daß Ihr durchaus seht, daß die Arbeit unseres Volkes erheblich zu dem Wohlstand Eures Staates beigetragen hat. Dennoch halte ich es nach wie vor keinesfalls für eine wirtschaftspolitisch normale Entwicklung, daß die Arbeiterinnen und Arbeiter unseres Volkes nach und nach aus ihren einst zum Teil durchaus verantwortlichen Positionen in durchweg erniedrigende Tätigkeiten gedrängt worden sind, für die sie so schlecht bezahlt werden, daß in keiner Weise mehr von ‚ausgewogenem Gleichgewicht' gesprochen werden kann, sondern eher von Ausbeutung geredet werden muß. So ist es nicht unser an sich arbeitswilliges Volk, das Unruhe stiftet, sondern die seit Jahrzehnten ungerechten Verhältnisse, die Ihr mitverantwortet, sind es, die zunehmend zu den Spannungen führen, die Ihr fürchtet. Nimmt es denn Wunder, wenn ein unterdrücktes, gedemütigtes und gefangengehaltenes Volk zunehmend mit dem Maß seiner Leiden aufbegehrt und nach Freiheit schreit, um seine Identität und seine darin enthaltene Würde zurückzugewinnen?

Es ging uns nie darum, irgendwelche politischen Vorteile zu erschleichen, wie Ihr es nennt, oder irgendwelche Sonderrechte genießen zu dürfen; was wir allerdings in all unseren Vorsprachen bei Euch immer wieder begehrt haben und begehren, sind die grundlegenden menschlichen Rechte überhaupt: wir wollen frei sein und über uns selbst bestimmen können, und wir möchten unser kulturelles Erbe bewahren und unsere Religion ungehindert praktizieren dürfen.

Über lange Zeit hinweg haben wir ja auf diese Weise mit Eurem Volk in friedlicher Koexistenz leben können. So manche Gemeinsamkeiten wurden entwickelt, ohne daß Euer und unser Volk sich gegenseitig Lebens- und Glaubensgrundlagen streitig gemacht hätten. Hätten wir uns in allem der ägyptischen Lebensweise angepaßt, so hätten wir mit Selbstverlust und seelischer Entwurzelung bezahlt, die zu Depressionen und psychosomatischen Krankheiten aller Art geführt hätten.

Ich denke, ein verantwortliches Zusammenleben erwachsener Menschen – auf welcher Ebene auch immer – setzt die Stärke beider Partner voraus, den jeweils anderen in seiner Besonderheit zu respektieren und zu achten und zugleich das, was einen selbst im Wesentlichen bestimmt, nicht zu verraten und preiszugeben.

Und diese uns eigene Existenzgrundlage, das, woran unser Herz mit aller Liebe hängt, worauf wir vertrauen und uns verlassen, das ist unser Gott Jahwe, der für mich und mein Volk keinesfalls eine irrationale Realität ist, wie Ihr ihn nennt, sondern dessen lebenschenkende, zukunfteröffnende Kraft sich mir selbst ins Herz gebrannt hat. Es gab ein Erlebnis, durch das mein Leben zutiefst erschüttert und damit aus den gewohnten Bahnen des Alltäglichen geworfen wurde. Ich erfuhr dadurch, worin meine Bestimmung besteht, nämlich das hebräische Volk in die Freiheit und damit zu seiner Selbstbestimmung zu führen. Indem ich diese meine Lebensaufgabe erkannte, wuchs mir auch der Mut zu, mich – allen damit verbundenen Ängsten und Widersprüchen zum Trotz – dafür stark zu machen. Und diese tiefe innere Bestimmung bleibt eben nicht in privater Kultausübung stecken, sondern treibt mich gerade dazu, auch die sozialen und politischen Mißstände unseres Volkes zu verändern. Unser Gott ist kein Gott, der auf einem Sokkel steht und verehrt werden will, sondern eine Kraft, die uns vorantreibt auf dem Weg zu einem erfüllten Leben, wie es uns schon aus ältester Tradition unserer Urväter und -mütter seit Abrahams und Saras Zeiten überliefert ist.

So ist es keinesfalls ein Vorwand, unter dem wir uns der Arbeit zu entziehen suchen – wie Ihr vermutet –, wenn wir darum bitten, uns für einige Tage in die Wüste zurückziehen zu dürfen, um unseren Gott in der Gemeinschaft unseres Volkes anbeten zu können; vielmehr steckt dahinter das Bedürfnis, uns miteinander wieder neu in unseren religiösen Wurzeln zu gründen und daraus inneren Halt, Kraft und Lebensenergie zu schöpfen; allzu lange haben wir diese Sehnsucht unterdrückt, haben nur im Stillen unsere Gebete verrichtet und einander in den wenigen Ruhestunden am Abend die Überlieferungen unserer Vorfahren erzählt. Ich denke, daß dieser Wunsch jetzt, nach der ersten Irritation, die er zunächst ausgelöst hat, auf Euer Verständnis stoßen wird, zumal doch auch die gesamte Lebensweise des ägyptischen Volkes von der Verehrung und Anbetung unzähliger Göttinnen und Götter durchdrungen ist, ja sogar Euch selbst nach alter Tradition göttliche Würde zuerkannt wird. So sind doch bei Euch Religion und Politik noch viel weniger zu trennen als bei uns, denn Eure politischen Entscheidungen werden von Eurem Volk zugleich auch als göttliche Bestimmung anerkannt. Mit Staunen und Ehrfurcht haben wir unser Leben lang miterlebt, wie Ihr nicht nur die Achtung vor den Lebenden, sondern in einer für uns fast befremdlichen Weise auch die Achtung vor den Verstorbenen bewahrt, denen Ihr in ausgeprägtem Totenkult sogar Hilfen mit auf den Weg durch die Unterwelt gebt. Aufgrund dieser tiefen Religiosität Eures Volkes, in dem Ihr selbst aufgewachsen und beheimatet seid, wundert es mich, daß Ihr zum Schluß Eures Briefes die über Ägypten hereingebrochenen Plagen als Naturkatastrophen und die Berufung auf das Wirken unseres Gottes als Überhöhung meiner angeblichen Schwäche abtut. Ganz präzise haben mein Bruder Aaron und ich Euch im voraus jede neue Katastrophe beschrieben, ganz gleich, ob alles Vieh von einer heimtückischen Seuche befallen oder durch gewaltige Hagelschläge die Ernte vernichtet wurde und Menschen wie Tiere ums Leben kamen. Wie hätten wir um jedes Unheil so genau wissen können, wenn es nur eine Rache der Natur gewesen wäre, wie Ihr es nennt? Und so ist es weniger eine Drohung als eine Warnung vor noch größerem Elend, wenn ich Euch erneut im Namen unseres Gottes das Massensterben aller ägyptischen Erstgeborenen ankündige, wenn Ihr uns Hebräer nicht aus Eurem Land ausreisen laßt. Und dieses Unheil wird Euch genauso heimsuchen wie jede andere angekündigte Katastrophe. Aber ich bin sicher, Ihr seid klug genug, es nicht soweit kommen zu lassen.

Mit großer Dankbarkeit habe ich zur Kenntnis genommen, daß Ihr durchaus gewillt seid, ‚einen Veränderungsprozeß' einzuleiten, was ich nur so verstehen kann, daß Ihr allmählich ein Einsehen mit unserem Anliegen habt. Und letzten Endes würdet Ihr selbst auch von unserer Auswanderung in doppelter Hinsicht profitieren: zum einen würde Euch dieser Akt der Menschlichkeit bei den Nachbarstaaten hohes Ansehen einbringen; zum anderen käme eine drastische Bevölkerungsreduzierung langfristig gesehen auch der wirtschaftlichen Entwicklung Eures Landes entgegen, denn die neuen Technologien, die Ihr plant, werden ja voraussichtlich die Arbeitsmarktsituation schon bald dahingehend verändern, daß Arbeitsplätze eingespart werden können und müssen. So werden viele von uns, die einfache Arbeiten verrichten, bald ohnehin entlassen und Eurem Volk zur Last fallen. Es ist also in Eurem eigenen Interesse, wenn wir Euer Land in absehbarer Zeit verlassen. Ich wäre froh, wenn sich durch Eure Einsicht und Euer Entgegenkommen neues Unheil für das ganze ägyptische Volk vermeiden ließe – und zugleich unser Interesse realisiert werden könnte, ausreisen zu dürfen, um Heimat zu finden, damit wir unser Leben nach unseren Vorstellungen und Bedürfnissen gestalten können.

Mose (Ch. SN)

Sehr geehrter Mose!

Zieht! Macht, daß Ihr fortkommt! So schnell Ihr könnt! Ich will Euch hier gar nicht mehr sehen! Nur fort, fort von hier!

Was sich in den letzten Wochen und Monaten bei uns ereignet, spottet jeglicher Beschreibung. Weinen und Wehklagen ohne Ende – in allen Häusern, in jeder Familie. Keiner, auch nicht einer bleibt unberührt davon. Keine Mutter, die nicht um den Tod ihres Kindes trauert. Kein Bauer, der nicht sein Vieh verenden sieht. Unsagbares Leid hat sich über unser ganzes Land gesenkt, bis hinein in den königlichen Palast. Trostlosigkeit, wohin man blickt. Angst und Verzagtheit, als gäbe es für unser Volk keine glückliche Zukunft mehr.

Deshalb nimm Deine Leute und verschwinde von hier! Ich kann und will die Arroganz Deiner Worte nicht mehr ertragen: „Hochverehrter Pharao, ich will Euch gar nicht drohen. Aber versteht es als eine Warnung vor noch größerem Elend, wenn ich Euch erneut im Namen unseres Gottes das Massensterben aller ägyptischen Erstgeborenen ankündige ..." Schweig still, Du größenwahnsinniger Zyniker! Ich weiß weder, mit welchen bösen Mächten Du paktierst, noch woher Du Deine teuflischen Phantasien beziehst. Auch denke ich, daß man Dich in kürzester Frist der Scharlatanerie überführen könnte, bliebe uns nur einmal Zeit zum Atemholen, Zeit, das Elend zu verarbeiten und im normalen Alltag die Ursachen für diese schrecklichen Katastrophen zu erforschen. Das einzige, was Dir gelungen ist, ist Dein gekonntes Spiel, eine für uns unerträgliche Situation des Leidens zu Deinen Zwecken auszunützen und auf schäbige Weise zu mißbrauchen.

Heute werfe ich mir vor, Dir nicht früher das Handwerk gelegt zu haben, als noch ohne großes Aufsehen Zeit dazu war. Mittlerweile haben sich Deine Worte im ganzen Land herumgesprochen. Die geschlagenen und gedemütigten kleinen Leute glauben auf eine merkwürdig pervertierte Art und Weise an Dich. „Laß die Hebräer ziehen", so tönt es mir allenthalben entgegen, „sonst sind wir alle des Todes". Sie glauben an Dich, wie man an das Böse glaubt. Sie glauben an Dich und Deine Macht, weil das ihre einzige Chance ist, der Zeit nach Eurem Abzug wieder hoffnungsvoller entgegenzublikken.

Das hast Du erreicht, Mose, Schrecken und Angst zu verbreiten unter der unschuldigen Bevölkerung, um Deine Ziele durchzusetzen.

Unerträglich und widerwärtig bleiben Deine Begründungen. Deine Berufung auf Euren allmächtigen Gott, der für Euch Kraft und Befreiung sein soll und dabei eine Blutspur der Verwüstung hinter sich hierzieht. Folgt man Deinen Gedanken, dann baut sich Euer religiöses Selbstverständnis ja nicht nur auf Eurer angeblichen Befreiung auf, sondern zugleich auch immer auf der damit verbundenen Vernichtung anderer Menschen. Was ist das für ein allmächtiger Gott, der seine Gunst so ungleich verteilt? Der für die einen Leben und Freiheit will und für die anderen nichts als Sterben und Tod übrig hat? Wie wollt Ihr jemals in Frieden leben, wenn an Euren Händen so viel Blut klebt? Ja meine Fragen gehen noch viel weiter: Wo wollt Ihr eigentlich hin? Wo wollt Ihr Euch nach Eurem Auszug einmal niederlassen? Es gibt kein vollständig leeres Land, das nur darauf wartet, von Euch besiedelt zu werden. Und wie wollt Ihr dann mit denen umgehen, die dort bereits Heimat gefunden haben? Die dort leben seit Generationen, mit ihren Vätern und Müttern, mit ihren Kindern? Wollt Ihr Eure Ansiedlung dann mit den gleichen Schreckensandrohungen erzwingen, wie Ihr es jetzt beim Auszug praktiziert? Und immer noch triumphierend dastehen und das Blut von Euren Händen tropfen lassen und in Eurem wahnsinnigen Erwählungsbewußtsein Euch zum Gottesdienst versammeln und Eurem Gott danken, daß er mal wieder Tausende und Abertausende von Feinden erschlagen hat? Vielleicht gar wieder lauter Unschuldige, Frauen, Männer, kleine Kinder und dazu das Vieh?

Ach, die Selbstgefälligkeit, die aus all Deinen Worten spricht, widert mich an. Am Anfang stand Deine Klage über eine angeblich ungerechte Behandlung der Hebräer in unserem Land. Ich habe Dir zugesagt, darüber könnten wir reden, aber die Hebräer müßten natürlich auch die gesellschaftlichen und politischen Gegebenheiten achten und dürften für sich nicht irgendwelche Sonderrollen beanspruchen. Aus Deinen Worten der Klage ist mittlerweile eine Rechtfertigung der schrecklichsten Verbrechen geworden – denn es handelt sich ja um Mord an unschuldigen Menschen, wenn man Deinen Worten Glauben schenken darf. Das alles kannst Du verantworten? Und Dich dazu noch auf Deinen Glauben berufen?

Einst habe ich Dich als Gesprächspartner geachtet, habe Deinen Mut bewundert, mit dem Du vor mich hingetreten bist und Deine Forderungen erhoben hast. Eine Zeitlang habe ich auch geglaubt, wir könnten einen Weg der Zusammenarbeit finden, um die schwierigen Probleme zum Wohl aller Beteiligten miteinander zu lösen. Doch was sich in der Zwischenzeit ereignet hat und Deine Billigung und Rechtfertigung findet – wenn Du nicht gar Deine Hände auf irgendeine mir noch unbekannte Weise selbst im Spiel hast – hat alle gemeinsamen Zukunftspläne zunichtegemacht. Ich wünsche, daß Du mir nie mehr unter die Augen trittst. Dem Willen meines so geschlagenen Volkes beuge ich mich und lasse Euch ziehen. Vielleicht ist das im Augenblick die einzige Möglichkeit, daß unser Land wieder zum Frieden findet.

Pharao (G. L.)

Lieber Pharao!

Endlich, endlich habt Ihr ein Einsehen gezeigt, endlich laßt Ihr uns ziehen. Ihr braucht keine Sorge zu haben, daß ich Euch noch einmal unter die Augen trete: noch heute packen wir unsere Habseligkeiten zusammen; die Stunden sind gezählt, bis wir Euer Land endgültig verlassen werden. Doch glaubt mir: die große Freude, daß wir nun endlich gehen dürfen, ist nicht ungetrübt. Warum, so geht es mir und so manchem von uns durch den Kopf, warum mußte erst all das unsagbare Elend, das Massensterben von Menschen und Vieh über Euch kommen, wozu das große Wehgeschrei von Männern, Frauen und Kindern? Warum nur habt Ihr Euch so lange unserem Bitten und Flehen verweigert? Jetzt tut Ihr so, als wären wir Hebräer und ich an ihrer Spitze für all die Katastrophen, die Euer Land heimgesucht haben, verantwortlich, während Ihr selbst und Euer Volk nur die armen Opfer wären. Damit, aber lieber Pharao, vertauscht Ihr Ursache und Wirkung. Nicht wir haben Euer Volk geknechtet und unterdrückt, sondern Ägypter waren es, die uns in den letzten Jahrzehnten aus angesehenen beruflichen und gesellschaftlichen Positionen herausgedrängt, uns aus unseren Häusern vertrieben, in Wohnghettos zusammengepfercht und die niedrigste Arbeit haben verrichten lassen. Schikaniert haben sie uns, wo und wie immer es ging; manche ehemals angesehene Familie wurde öffentlich diskreditiert, andere gar erbarmungslos geschlagen und gefoltert. Wir konnten machen, was wir wollten: schon allein die Tatsache, daß wir Hebräer sind, wurde uns zum Makel. Erst diese nicht enden wollenden Demütigungen führten nach und nach bei uns zu Unruhe und Aufruhr, zu Rebellion und Aggression. So, lieber Pharao, ist die Reihenfolge der Ereignisse, nicht umgekehrt. Und aus diesem Gefühl tiefster Verzweiflung, Wut und Ohnmacht heraus habe ich damals den ägyptischen Aufseher erschlagen, als der einen unserer Männer auspeitschte. – Ihr habt ja anfangs einmal darauf angespielt, als Ihr von den ‚dunklen Flecken' in meiner Vergangenheit gesprochen habt.

Ich weiß, daß dies ein Verbrechen ist, das, wenn auch als solches nicht zu entschuldigen, gleichwohl aber doch zu verstehen ist. Im Grunde steht es als Einzeltat symbolisch für das, was sich seit Jahrzehnten zwischen unseren beiden Völkern als Ganzen abspielt: Ihr Ägypter quält uns unaufhörlich. Jetzt ist die Grenze unserer Leidensbereitschaft und unserer Leidensfähigkeit erreicht.

Ich glaube nicht, daß es nur der Mut der Verzweiflung ist, der uns jetzt in Bewegung bringt; in unserem ganzen Volk ist zur Zeit eine Kraft zu spüren, die uns in der Tiefe unserer Seele vorantreibt, unsere Lebensbedingungen so zu verändern, daß Leben überhaupt erst einmal möglich wird. Diese Kraft, die ja auch mich ermutigt und befähigt hat, vor Euch hinzutreten und um den freien Auszug unseres Volkes zu bitten, diese Kraft ist nichts anderes als der Gott, der auf unserer Seite ist; Gott, der für uns, das geknechtete und versklavte Volk, Partei ergriffen hat und uns zur Freiheit und damit wieder zu unserem Recht verhelfen will. Wir spüren, daß wir uns auf diese Kraft, die uns den Rücken stärkt, verlassen können, und wir vertrauen darauf, daß sie uns für unsere Zukunft und die unserer Kinder richtungweisend sein wird. Unsere Kinder und Enkelkinder sollen in Freiheit aufwachsen und ihr Leben nach ihren eigenen Phantasien und Begabungen füllen und gestalten dürfen. Von klein auf sollen sie lernen, daß unser Gott seine Liebe zu unserem Volk darin erwiesen hat, daß er uns zum Kampf für Recht und Gerechtigkeit stark gemacht hat. Denn nur wo Recht und Gerechtigkeit verwirklicht werden, kann auch ein friedliches Zusammenleben gelingen. Diese Erfahrung sollen sie weitergeben und durch ihren Umgang mit anderen Menschen und Völkern in Wort und Tat erneuern und bewahrheiten.

Wir wissen wohl, daß dieser Weg in die Freiheit und in die Selbstbestimmung nach der langen Zeit von Entrechtung und Entmündigung zahllose Probleme mich sich bringen wird, von denen wir heute noch nicht einmal eine Ahnung haben, und wir wissen auch, daß es wohl ein jahrzehntelanger Prozeß sein wird, bis wir unsere Identität wiedergefunden haben. Aber ich bin sicher, daß es gelingen wird.

Mose (Ch. SN)

Saul und David

Einer zuviel

Ja, Du hast mir geholfen
in den vielen dunklen Stunden.
Du als einziger hast es vermocht,
mir für Augenblicke mein Lachen zurückzuschenken,
mich frohen Mutes sein zu lassen.
Du als einziger hast es verstanden,
immer wieder Saiten in mir zum Klingen zu bringen,
die längst zerrissen schienen.
Aber damit hattest Du auch als einziger
eine ungeheure Macht über mich.

Lieber König Saul!

Jetzt, denke ich, habe ich einen Unterschlupf gefunden, in dem Du mich nicht so bald aufspüren wirst. Wieder einmal habe ich vor Dir fliehen und mich vor Dir verbergen müssen, weil Du mir immer noch und immer wieder nach dem Leben trachtest. Kannst Du eigentlich erahnen, was für Gefühle es in mir auslöst, daß Du mich stets aufs neue verfolgst, um mich umzubringen? Was habe ich Dir getan?

Ich war damals voller Stolz und in guter Absicht an den Hof gekommen, um Dich aufzuheitern. Ich habe Dich verehrt, ich habe für Dich gekämpft und gesiegt, so daß Du letztlich, wollte ich aufrechnen, sowohl persönliche als auch politische Vorteile aus meiner Anwesenheit gezogen hast. Denk nur an meinen Kampf gegen Goliath, durch den sich die Philister geschlagen geben mußten: wie vielen von unseren Leuten blieb dadurch der Tod im Kampf erspart. Es ließe sich noch anderes aufzählen. Auch habe ich jedesmal, wenn Du mich verfolgt und mir nach dem Leben getrachtet hast, versucht, mich mit Dir zu versöhnen, nicht zuletzt auch wegen meiner geliebten Frau, Deiner Tochter Michal, und wegen Deines Sohnes Jonathan. Mit ihm verbindet mich, wie Du weißt, seit Jahren eine sehr innige Freundschaft, die ja nicht immer Deine Billigung fand. Aber auch der Versuch Jonathans, Dich mit mir zu versöhnen, war nicht von nachhaltiger Wirkung. Was treibt Dich nur immer wieder neu in den Wahn, mich verfolgen zu müssen? Ich habe weder die Absicht, Dir Deine Macht zu entreißen, noch spiele ich auch nur mit dem Gedanken. Dich umzubringen – und das weißt Du. Zweimal hatte ich doch die Gelegenheit, Dich zu töten, und beide Male frohlockten meine Begleiter: Heute, David, hat Gott Deinen Feind in Deine Hand gegeben. Wie leicht wäre es da gewesen, Dir Gewalt anzutun. Aber ich habe Dich nicht angerührt, ich habe Dir auch nicht ein Haar gekrümmt, weil ich in Dir letztlich immer noch den König sehe, den, der vom selben Gott – durch die Salbung des Propheten – ins Amt berufen worden ist, dem auch ich mein Leben und mein Glück verdanke. Aber seit ich einige militärische Erfolge erzielen konnte und dadurch beim Volk ziemlich beliebt bin, bist Du besessen von der Angst, ich könnte mit dem, was mir bislang an Ruhm und Anerkennung zugefallen ist, nicht zufrieden sein und wollte Dir Dein Königtum streitig machen. Diese Unterstellungen machen mich wütend und hilflos zugleich, weil ich im Grunde nicht weiß, wie ich sie entkräften kann.

Hängt diese Angst vielleicht damit zusammen, daß Du älter wirst und daß Dir damit bewußter wird, in der Vergangenheit Fehler gemacht zu haben, die nicht wiedergutzumachen sind? Ich stelle es mir als eine sehr schmerzhafte Erfahrung vor, wenn man mitansehen muß, wie Teile des eigenen Lebenswerkes, das man einst mutig aufgebaut, für das man gekämpft und für dessen Erhaltung man bisweilen einen hohen Preis an Kraft und Energie bezahlt hat, zu zerbrechen drohen, und wenn man vielleicht sogar das Gefühl gewinnt, dem Leben sei damit jedweder Sinn und Halt und somit auch Gottes Segen entzogen. Und ich kann mir auch vorstellen, daß die Angst, Dir könnte in jeder Hinsicht der Boden unter den Füßen schwinden, letztlich die Geburtsstätte Deiner Aggressionen ist, denen ich aus dem Grunde zum Opfer fallen soll, weil mir hin und wieder in den Bereichen etwas gelingt, in denen Dir zur Zeit keine Erfolgserlebnisse mehr beschieden sind.

Glaub mir, es tut mir weh zu sehen, wie Dich die Angst quält und Dich immer tiefer in Depressionen und Aggressionen verstrickt. Aber dazu, daß Deine Situation so ist, wie sie ist, habe ich nichts beigetragen. Kannst Du denn nicht endlich einsehen, daß ich Dich nicht bekriegen und bekämpfen will, daß ich weder Dein politischer Konkurrent noch Dein persönlicher Erzfeind bin? Warum nur können wir nicht in Frieden miteinander leben?

In der Hoffnung, daß unsere Beziehung wieder besser wird, daß ich mich bald aus meinem Versteck wieder herauswagen und mit Dir offen – von Angesicht zu Angesicht – reden kann, grüße ich Dich mit unserem alten Friedensgruß!

Schalom

Dein Dir untergebener und getreuer David (Ch. SN)

An David!

Warum können wir nicht in Frieden miteinander leben?

Weil es für zwei Menschen wie Saul und David zur selben Zeit am selben Ort keinen Platz gibt!

Du bist sehr naiv, David, oder Du verbirgst Dein wahres Gesicht. Glaubst Du denn immer noch, Wohl und Wehe unserer persönlichen Beziehung hingen von Deiner oder meiner willentlichen Entscheidung ab? Die Leute sagen mir nach, der böse Geist sei über mich gekommen. Sie mögen das nennen, wie sie wollen. Aber eines ist richtig: es gibt dunkle Mächte, Verschwörungen, die ein ehemals heiles Leben völlig zerstören können.

Selten geworden sind die Erinnerungen an meine Kindheit und Jugend. Wieviel Unbeschwertes und Fröhliches lag damals über meinem Leben. Ich habe die Tage genossen, war rechtschaffen und gottesfürchtig. Wo ich gebraucht wurde, habe ich zugepackt. Die große Politik hat mich damals nicht sonderlich interessiert.

Und dann kam jener denkwürdige Tag! In einer Nacht-und-Nebel-Aktion – welch unrühmlicher Anfang einer großen Karriere – wurde ich von Samuel zum König über Israel geweiht. Ich wußte gar nicht recht, wie mir geschah, wagte es auch nicht, irgend jemandem davon zu erzählen. Ich, ein unbedeutender junger Mann aus dem unbedeutenden Geschlecht des Stammes Benjamin. Wie im Rausch vergingen die ersten Tage. Aber wie lächerlich war zugleich die Zeremonie, als ich dann noch offiziell durch den scheinbar zufälligen Losentscheid dem ganzen Volk als König präsentiert wurde.

Ich will gar nicht leugnen, daß das auch erhebende Augenblicke waren und daß es der persönlichen Eitelkeit schmeichelt, für ein solches Amt in die Pflicht genommen zu werden. Aber daß es tatsächlich mehr Pflicht als Vergnügen sein würde, das war mir schon vom ersten Augenblick an klar. Die langen Diskussionen bei den Volksversammlungen und die Gespräche im Freundes- und Familienkreis über das möglicherweise einzurichtende Königtum in unserem Land waren auch an mir nicht spurlos vorübergegangen. Ich wußte, daß es Schwierigkeiten geben könnte. Und so sind mir am Tag der Inthronisation neben allen Freuderufen und Gesten des Wohlwollens doch auch die vielen Zeichen der Verachtung und des Hasses nicht verborgen geblieben.

Das ist eine der schlimmsten Erfahrungen, David: Kaum stehst du im Mittelpunkt des öffentlichen Interesses, kaum trägst du Verantwortung und bekleidest eine entsprechend machtvolle Position schreien die einen Leute ‚Hosianna' und die anderen ‚Weg mit ihm' – und sie alle meinen gar nicht mehr dich persönlich. Sie kennen dich zum größten Teil gar nicht. Du wirst zu einer bloßen Figur, die für bestimmte Programme und Parteien und Interessen steht und dementsprechend bejubelt oder abgelehnt wird. Es ist mir schwergefallen, mich mit diesem bösen Spiel der politischen Intrigen abzufinden. Ich war und bin auch nicht der Mensch, der da skrupellos mitmischen könnte. Schon nach kurzer Zeit weißt du nicht mehr, wer es wirklich aufrichtig mit dir meint. Speichellecker reden dir nach dem Mund. Echte Freunde wenden sich wegen der notwendigen politischen Kompromißfähigkeit ab. Den einen bist du zu stark, den anderen zu schwach. Den einen zu ehrlich, den anderen zu verlogen. Es entsteht ein Gefühl von großer Unsicherheit. Einsamkeit macht sich breit und vor allem ein ständiges Mißtrauen allen und jedem gegenüber.

Das, David, sind meine Erfahrungen als König. Aber ich denke, ich hätte diese Bürde tragen, hätte damit leben und mein Amt gewissenhaft und verantwortlich ausfüllen können, wenn nicht eine viel schlimmere Erfahrung mich wirklich erbittert hätte. Bei allen Intrigen meiner Berater und der Wankelmütigkeit des Volkes war mir das Wort unseres Gottes ein verläßlicher Grund, der mir half, alle anderen Schwierigkeiten zu meistern. Nicht ich habe mich in dieses Amt gedrängt, sondern Gott hat mich durch seinen Propheten dazu berufen lassen. Ich wußte damals noch nicht, daß Samuel zu der Fraktion in unserem Volk zählt, die das Königtum radikal ablehnt, und der schließlich nur zugestimmt hat aus Gründen der politischen Opportunität. Samuel war für mich eine ausgesprochene Autorität. Bis heute – auch wenn ich ihn lange nicht gesehen habe – gilt ihm mein Respekt. Zugleich aber beginne ich ihn zu hassen und mit ihm alle religiösen Führer in unserem Land, die nach meiner Überzeugung ein doppelzüngiges Spiel treiben. Einerseits treten sie mit dem Anspruch auf, nichts als Gottes Wahrheit zu verkünden, und andererseits kochen sie ihr persönliches politisches Süppchen und mißbrauchen damit ihr geistliches Amt. Wie zuletzt Abimelech, der mir ins Gesicht hinein Gehorsam und Loyalität schwor und doch zugleich den Aufruhr gegen mich aktiv unterstützte.

So war es von Anfang an. Und heute denke ich, daß auch Samuel mich nur benutzt hat, um seine politischen Pläne im Namen Gottes durchzusetzen. Er hat das Königtum nie gewollt und es schließlich nur deshalb eingerichtet, um allen Befürwortern in unserem Land eine Lektion zu erteilen. Das Mittel dieser so raffiniert gesponnenen Intrige bin ich. An meiner Person sollte ein Exempel statuiert werden. Wiederum war ich als Person gar nicht wichtig, aber als Funktionsträger wurde ich gebraucht. Und so wurden denn auch die lächerlichsten Bagatellen zum Vorwand genommen, mir Gottlosigkeit und eigensüchtiges Verhalten vorzuwerfen und damit die Voraussetzungen für meinen Fall zu schaffen. Das alles trug sich vor Deiner Zeit am königlichen Hof zu, David. In Zeiten äußerster Bedrängnis durch die Philister habe ich persönlich vor der Schlacht Gott das Brandopfer dargebracht, nicht weil ich mir Priesterfunktionen anmaßen wollte, sondern weil Samuel nicht – wie versprochen – rechtzeitig da war. Und nach der erfolgreichen Schlacht gegen die Amalekiter haben wir nicht deshalb das beste Vieh mit nach Hause gebracht, um sie als Beute zu behalten, sondern um sie Gott hier als Brandopfer darzubringen.

Beides für mich eher Nebensächlichkeiten. Schnelles, verantwortliches Handeln war von mir gefordert, und das habe ich Samuel zu erklären versucht. Für ihn aber war das Grund genug, mir im Namen Gottes das Königtum streitig zu machen und damit seine wahren Interessen zu zeigen. Ich habe das Verhalten Samuels sehr ernst genommen. Ich habe Reue gezeigt, ohne sie wirklich zu empfinden. Lange hat mich die Frage gequält, ob aus dem Munde Samuels wirklich die Stimme Gottes spricht oder ob Samuel als geistlicher Würdenträger nicht ebenso skrupellos wie alle anderen auch im eigenen Interesse handelt. Ich bin mir darüber bis heute nicht im klaren. Aber all diese Gedanken und Zweifel haben mir den Boden unter den Füßen entzogen. Ich traue heute keinem mehr. Keinem menschlichen Wort und – so schmerzlich das ist – auch keinem göttlichen Wort, sofern es durch Menschenmund vermittelt wird. Überall verfolgen die Menschen, ob Politiker oder Priester, doch immer nur ihre eigenen Interessen. Ich glaube nicht mehr an Worte wie Liebe und Frieden und Großherzigkeit, wie Du, David, sie noch im Munde führst.

Vielleicht ist es Dir damit ernst. Dann tut es mir leid um Dich, weil Du es mit dieser Naivität nicht allzuweit bringen wirst.

Wahrscheinlicher aber ist, daß auch Du dieses Spiel längst durchschaut hast, Deinen Pakt mit den einflußreichen Geistlichen geschlossen hast und so auf Deine Weise, die mit ihrem unschuldigen Gesicht und den lieben Worten nur um vieles raffinierter ist, Deine Karriere planst und vorantreibst und auf den günstigen Augenblick wartest, mich vom Thron zu stoßen. Alles mit Anstand und Würde natürlich nach außen hin – das festigt Deinen guten Ruf nicht nur als Krieger, sondern auch als Menschenfreund.

Ja, so wird es sein! Ihr alle miteinander, und da kann ich selbst meinen Sohn Jonathan nicht mehr ausschließen, plant eine große Verschwörung. Vielleicht wartet Ihr auch nur darauf, daß meine Anfälle schlimmer werden und mich der Wahnsinn in den Tod treibt. Dann könnt Ihr Euch lächelnd zurücklehnen und habt Euch noch nicht einmal die Hände schmutzig gemacht.

Aber so leicht mache ich es Euch nicht! Noch bin ich König in Israel, und ich werde alle jagen, die sich mir in den Weg stellen. Also nimm Dich in acht, David! Und rechne niemals mit der Freundlichkeit und Uneigennützigkeit Deiner Mitmenschen. So etwas gibt es nicht!

Saul (G. L.)

Lieber Saul!

Was ist nur aus Dir geworden, Du erster großer König über Israel, Du Vater meiner geliebten Frau Michal und meines treuen Freundes Jonathan. Du trauriger Mann, den ich einst als Jüngling mit meinem Harfenspiel aus den Dunkelheiten seiner Depressionen befreien sollte! Oft mußte ich in den letzten Wochen an die Zeit unserer ersten Begegnung denken: wieviel zarte Vertrautheit hatte sich entwickelt in diesen leisen Stunden, in denen ich für Dich musizierte und Dich berührte mit meinem Spiel, wenn allmählich die Schatten der Verschlossenheit und Trauer aus Deinem Gesicht wichen und sich Deine Miene wieder erhellte.

Wie kannst Du nur jetzt in allen, die Dich geliebt und verehrt haben, Deine Feinde und Widersacher sehen? Es erschreckt mich zu sehen, wie sehr Du in Deine Verbitterungen verstrickt bist, wie wenig hoffnungsvolle Lebensperspektiven noch erkennbar sind.

Vielleicht warst Du von Anfang an mit der Aufgabe, als erster dieses schwere, verschriene Königsamt übernehmen und füllen zu müssen, überfordert, und vielleicht war diese Überforderung der Auslöser für Deine Depressionen, die ja irrigerweise von Deinen Dienern stets als ‚böser Geist Gottes' umschrieben worden sind, so als sei Gott schon lange nicht mehr auf Deiner Seite gewesen. Nein, Saul, ich glaube einfach nicht, daß Gott Dich von Beginn an im Stich gelassen haben soll und daß Dich alle Menschen stets nur für ihre letztlich sehr königsfeindlichen Ziele mißbraucht haben. Die Zeit war und ist vielleicht noch nicht reif für so massive politische Veränderungen, wie sie allein durch die Schaffung Deines Amtes stattgefunden haben. Du weißt: jeder Vorkämpfer für neue Ideen wird angefeindet, aber weniger weil er zur Amtsführung unfähig ist als vielmehr weil neue Ideen, veränderte Wertvorstellungen und gesellschaftliche Erneuerungen bei der Masse der Bevölkerung unendlich viel Angst auslösen. Veränderungen jedweder Art verursachen Verunsicherungen; feste Maßstäbe hingegen und ein damit verbundener Konservatismus, der Bestehendes absichert, verleihen psychische Stabilität und Orientierung: Dadurch, daß man weiß, woran man sich halten kann, wird die eigene innere Welt und – damit verbunden – natürlich auch die Ordnung draußen, die gesellschaftliche Wirklichkeit – solange sie einen nicht allzusehr in der Durchsetzung eigener Lebensbedürfnisse einschränkt – als notwendig und unumstößlich richtig angesehen. Und allzugern wird solch menschliches Denken und Empfinden dann religiös überhöht und Gottes angeblicher Wille als Garant für konservative Gesellschaftsstrukturen mißbraucht.

Denk doch nur daran, wie schwer Mose es hatte, die Befreiung unseres Volkes zu erwirken: wie oft war es unwillig und mißmutig, wie schnell ließ es sich am Sinai verführen, wieder die alten Gottesbilder in Gestalt des goldenen Kalbes zu inthronisieren, anstatt sich neuen Werten und Hoffnungen zu öffnen. Wie oft muß Mose verzagt und mutlos geworden sein. Dennoch ist er nicht verbittert, weder bei diesen vielen mühsamen Bittgängen zum Pharao noch beim Tanz um das goldene Kalb. Vielleicht würde es Dir guttun, wenn Du Dich nicht in Deine Verbitterungen vergraben, sondern wie einst Mose Deinen Zorn, Deine Wut und Deine jahrzehntelang in Dir aufgestauten Aggressionen herausschreien würdest. Vielleicht könntest Du Dich dadurch ein Stück aus Deiner inneren Gefangenheit befreien und Dich selbst und Deine Mitmenschen wieder realistischer sehen, als Du es jetzt in Deinem Verfolgungswahn vermagst.

Mißversteh mich nicht, lieber Saul, ich will keine Schönfärberei betreiben, indem ich die tatsächlichen Anfeindungen gegen Dich zu bagatellisieren versuche. Und ich will Dir nicht unterstellen, daß das, was Dir im Leben mißlungen ist, lediglich ein Ergebnis Deiner eigenen psychischen Probleme ist, wenngleich ich glaube, daß es Zusammenhänge zwischen der eigenen seelischen Befindlichkeit und dem Gelingen oder Mißlingen der Lebenspläne gibt. Ich möchte Dich in erster Linie ermutigen, auch wieder das sehen zu können, was Dir im Leben gelungen ist: die zahlreichen Siege über die Philister, die ersten Jahre Deiner politischen Erfolge, die einen Anfang gesetzt haben für eine neue gesellschaftliche Ordnung in Israel, die ein Umdenken initiiert haben, auch wenn die Angst vor Neuem zu einem Erstarken konservativen Denkens, nämlich dem Schrei nach einem Israel ohne Königtum, geführt hat. Keiner der Nachfolger in Deinem Amt, sofern es überhaupt je welche geben wird, wird es so schwer haben wie Du. Wenn es mir wirklich vergönnt sein sollte, König über Israel und damit Dein Nachfolger zu werden, so wäre es nicht mein Ziel, Dich und Dein Lebenswerk zu vernichten, sondern auf dem Grundstein, den Du gelegt hast, aufzubauen. Ob mir die Amtsführung besser gelingen wird als Dir, ist die Frage: Woher weiß ich denn, um Dich zu zitieren, ob die, die heute mir zujubeln und Hosianna singen, nicht auch gegen mich eines Tages ‚Kreuziget ihn' schreien. Woher weiß ich denn, ob meine derzeitige Beliebtheit sich nicht auch schnell verbraucht, wenn ich Wege gehe und Entscheidungen treffe, die nicht den Vorstellungen der Massen entsprechen. Schon wenn es um Steuerabgaben geht, werden sie zetern und vielleicht dem nächsten zujubeln, der ihnen großspurig die Senkung der Steuern verheißt. Niemand weiß, wie lange einem die Gunst des Volkes sicher ist.

Natürlich genieße ich derzeit das Wohlwollen des Volkes, es wäre gelogen, wenn ich das nicht zugeben wollte. Aber es ist auch kein unbeschadetes Glück für mich, weil ich weiß, daß meine Beliebtheit letztendlich auf Deine Kosten geht. Ich habe Dir zu keiner Stunde etwas nehmen wollen; und wenn ich auch gern die Bürde, aber eben auch die Würde des Königsamtes mit all den damit verbundenen Verantwortlichkeiten tragen möchte, so hat es niemals in meinem Leben irgendeinen Versuch gegeben, diesen Wunsch mit unloyalen Mitteln zu realisieren. Ich glaube nicht, daß dahinter nur anerzogener Anstand oder eine besonders ausgeprägte religiös-ethische Gesinnung steht. Ich kann Dich einfach nicht als Feind, als Rivalen oder Gegner ansehen. Ich schrieb Dir ja in meinem ersten Brief, wie leicht ich Dich hätte aus dem Weg räumen können, wenn ich es darauf angelegt hätte. Nein, ich sehe in Dir vor allem immer noch den väterlichen Freund meiner Jugendjahre, meinen Schwiegervater und meinen König, in dessen Dienst ich stehe und für dessen Erfolge ich mein Leben eingesetzt habe und weiter einzusetzen bereit bin.

Ich wünsche mir sehr, daß Du mir Glauben schenken und mir wieder vertrauen kannst. Zugleich wünsche ich Dir, daß Du einen Weg aus Deiner Verbitterung findest, und daß die dunkeln Mächte, denen Du Dich ausgeliefert fühlst, keine Macht mehr über Dich haben.

Möge unser Gott Dich segnen und dadurch Deinen Lebensmut und Dein Vertrauen stärken.

Dein Dir getreuer David (Ch. SN)

Ach, mein David,

als ich Deinen Brief las, schien die Zeit für Augenblicke bei jenen glücklichen Stunden damals stehengeblieben zu sein. Alte Erinnerungen stiegen wieder in mir auf. Ich habe Deine jugendliche, schöne Gestalt vor Augen gesehen, Dein zartes, einfühlsames Saitenspiel vernommen. Du standest lebendig vor mir, wie früher, hast meine Seele erhellt und mich Freude empfinden lassen am Sinn meines Daseins.

Aber dann hat mich die Wirklichkeit schnell wieder eingeholt. Ich kann mir doch nichts vormachen. Deine Musik, David, Deine Schönheit, Deine Nähe, all das hat fast religiösen Charakter für mich. Es ist verführerisch und schön in den Augenblicken des Erlebens, wenn man eins wird mit seinen Wünschen und die tiefe Sehnsucht nach Vollkommenheit und Glück sich zu erfüllen scheint. Aber zugleich ist es gefährlich und deprimierend beim Aufwachen, wenn die Wirklichkeit die Träume zerstört und nur noch viel schlimmer ist als vorher.

Ja, David, Du hast mir geholfen in den vielen dunklen Stunden. Du als einziger hast es vermocht, mir für Augenblicke mein Lachen zurückzuschenken, mich frohen Mutes sein zu lassen. Du als einziger hast es verstanden, immer wieder Saiten in mir zum Klingen zu bringen, die längst zerrissen schienen. Aber damit hattest Du auch als einziger Mensch eine ungeheure Macht über mich. Keinen Krieg habe ich gefürchtet, keinem Gefecht bin ich aus dem Weg gegangen: Aber Dich allein, David, Dich liebevollen und charmanten, Dich draufgängerischen und kämpferischen, Dich selbstlosen und immer loyalen jungen Mann, Dich, den starken Helden und den gefährlichen Goliath-Bezwinger, Dich, den lyrischen Schriftsteller, den sensiblen Musiker, Dich, den begnadeten Alleskönner, der zur richtigen Zeit am richtigen Ort mit Umsicht immer genau das Richtige tut, Dich habe ich im Laufe der Zeit zu fürchten gelernt.

Denn Du eroberst nicht nur die Städte und Länder, Du eroberst die Herzen der Menschen. Wahrscheinlich ahnst Du selbst noch nicht einmal, welch große Macht Dir durch Dein Charisma zugefallen ist. Und nur so wird auch die Naivität verständlich, mit der Du Dich ins politische Alltagsgeschäft einmischst, aber mehr noch Dich einbeziehen läßt.

Hast Du wirklich nie darüber nachgedacht, daß gerade Du mit Deinen Begabungen von bestimmten Mächten in unserem Land gebraucht und mißbraucht wirst?

Sie wissen doch um Deine Macht über meine Seele, die ganz anderer Art und viel gewaltiger ist, als die Macht des Schwertes. Sie haben Dich bewußt auf mich angesetzt, um ihre Ziele zu erreichen. Verstehst Du denn gar nicht: Du wirst benutzt, damit mir möglichst schnell und unspektakulär ein Ende bereitet werden kann. Kaum bin ich berufen worden, soll ich wieder von der Bühne abtreten. Der Mohr hat seine Schuldigkeit getan. Ich soll grundlos zurücktreten, alles aufgeben, wofür ich in den letzten Jahren gekämpft und gearbeitet habe. Und am liebsten hätten sie zu diesem ganzen schmutzigen Geschäft auch noch meine Einwilligung, das Eingeständnis meiner Unfähigkeit und Schuld.

Das, mein lieber David, ist die Politik unserer allgewaltigen Priester und Tempelhüter. Und ausgerechnet Du läßt Dich willig vor ihren Karren spannen.

Nun sehe ich Dich schon wieder vor mir, kindlich,

naiv, unschuldig, mich fragend, wie ich denn auf solch törichte Vermutungen käme. Ach, David, schau Dir doch Deinen letzten Brief an. Er klingt für mich über weite Strecken wie eine vorweggenommene Leichenrede. Du möchtest mir meinen Rücktritt, meinen sozialen Tod, versüßen mit der Erinnerung an glorreiche Zeiten und schöne Tage. So wie man Sterbenden billigen Trost zukommen läßt mit dem Hinweis auf ihr gelungenes Leben.

Es ist richtig: Wer sein Lebenswerk als gelungen betrachten kann, der kann wie Mose alt und lebenssatt sterben. Aber ich kann nicht auf ein solches gelungenes Lebenswerk zurückblicken. Vom ersten Augenblick meines öffentlichen Auftretens an gab es Schwierigkeiten. Immer habe ich zwischen den Fronten gestanden, ohne mich selbst an diesen Ort gedrängt zu haben. Ich habe lernen müssen, auf der Hut zu sein. Ich habe lernen müssen, nur noch mir selbst zu vertrauen. Alle in meiner Umgebung richten irgendwann ihr Fähnlein nach dem Winde aus.

Das ist die Wirklichkeit, David, in der wir leben. Und mit Deinen schöngeistigen Reden und einlullenden Psalmengesängen beteiligst Du Dich nur daran, diese Wirklichkeit zu verharmlosen und zu verschleiern.

Und dabei glaube ich an Deine Loyalität und Integrität. Du hast sie wiederholt unter Beweis gestellt, wie jüngst, als ich in Deiner Hand war und Du Dich nicht an mir vergriffen hast. Aber das macht alles nur noch schlimmer: Ich bin schlecht gelaunt und vom Leben enttäuscht – Du munterst mich auf; ich trachte Dir nach dem Leben – Du aber verschonst das meine. Immer bleibe ich irgendwie in Deiner Schuld. Immer stehst Du mit einem großherzigen Lächeln als der Gewinner da. Und wenn Du mich dann eines Tages politisch beerben solltest, so wird das in keiner Weise in Deiner Absicht gelegen haben. Es war einfach die Gunst der Stunde, die

Dich dann diesen Weg führte, und nichts wäre Dir ein schrecklicherer Gedanke, als mich bei diesem ganzen Geschehen verletzt oder gekränkt zu haben.

Das alles ist ein einziges Lügengespinst. Und die Tatsache, daß Du vielleicht völlig unwissend und mit lauter guten Absichten darin verstrickt bist, macht es mir nicht erträglicher.

„Warum können wir nicht in Frieden miteinander leben?" hast Du mich einst gefragt. Und ich wiederhole: Weil es für Dich und mich zur selben Zeit am selben Ort keinen Platz gibt.

Du bedeutest mir sehr viel, David, und trotzdem oder gerade deswegen bist Du mir zum gefährlichen Feind geworden. Die, die sich gegen mich verschworen haben, haben ihr Hauptziel erreicht. Und das sage ich tatsächlich voller Bitterkeit. Sie bekämpfen mich nicht offen, sondern benutzen unsere Freundschaft als den entscheidenden Zug auf ihrem Schachbrett. Sie haben es geschafft, daß ich Dich um der eigenen Selbstbehauptung willen bekämpfen muß. Und ich werde es tun, David, bis zum bitteren Ende.

Saul (G. L.)

Lieber Saul!

Deine Zeilen haben mich erneut traurig wie auch ratlos gemacht. Jedes gutgemeinte Wort von mir, jede aufrichtige Loyalitätsbekundung machst Du zunichte. Aber ich kann und will mich mit Deiner Verbitterung und erst recht nicht mit den Drohungen am Ende Deines Briefes abfinden, ich kann und will nicht glauben, daß es in der Welt nicht Platz für uns beide gibt. Ich bin fest davon überzeugt, daß jeder Mensch, auch der, der in Angst und Schuld verstrickt ist und sich als gescheitert erlebt, ein Recht auf sein einmaliges Leben und damit seinen Platz in Gottes Schöpfung hat. Deshalb ist es unsere Aufgabe, ja unsere Pflicht, alles daranzusetzen, unser Leben miteinander, wenn schon Versöhnung nicht immer möglich ist, so doch zumindest erträglich zu gestalten. Aus dieser grundsätzlichen Überzeugung heraus fasse ich den Mut, Saul, Dir überhaupt noch einmal zu schreiben, noch einmal auf Dich zuzugehen in der Hoffnung, daß Du meine Ausführungen nicht als frommes Gerede abtust, sondern mir die Aufrichtigkeit meiner Bemühungen, mit Dir in eine friedliche Beziehung zu treten, endlich abnimmst.

Nichts und niemand, Saul, hat mich auf Dich angesetzt, um Dich beiseite zu räumen. Zudem halte ich mich nicht für so naiv, daß ich mich unbewußt hätte in Intrigen gegen Dich einspannen lassen. Das alles redest Du Dir ein, weil Du verzweifelt nach purer Rechtfertigung für Deinen Haß gegen mich suchst. Einerseits hältst Du mich für einen naiven oder heimtückischen Bösewicht, auf der anderen Seite glorifizierst Du meine angeblichen Fähigkeiten in einer Art und Weise, daß ich lachen muß. Mag sein, daß ich gewisse Begabungen mitbringe: die Kunst des Musizierens und Dichtens hat mich von Jugend an beseelt, und es hat mir wirklich Freude gemacht, Dich am Hofe mit meinen Liedern aufzuheitern und zu erfreuen. Du aber sprichst hier gleich von Charisma, mit dem ich Macht über Deine Seele gewonnen habe, als sei es von Anbeginn meine Absicht gewesen, Dich, wie auch immer, kleinzukriegen. Was immer ich tue, wie immer ich mich verhalte, ob ich Dir Lieder singe, freundlich und liebevoll mit Dir umgehe, Dir im politischen Bereich immer wieder meine Loyalität erweise, in allem witterst Du Boshaftigkeiten: erst bemächtige ich mich angeblich Deiner Seele – dann warte ich als Intrigant gewisser politischer Kräfte in unserem Land, die meine Macht über Deine Seele kennen, geschickt taktierend nur noch auf die Gunst der Stunde, um Dich endlich ganz beiseite schaffen und Deine Nachfolge antreten zu können.

Ich sage es Dir noch ein letztes Mal: ich bin nicht Dein Gegner. Ich stehe immer noch, ob Du es nun glaubst oder nicht, mit Leib und Seele in Deinen Diensten. Und ich bemühe mich stets aufs neue um eine freundschaftliche Beziehung zu Dir, bei allem, was auch ich falsch gemacht haben mag im Laufe der Jahre. Ich hoffe sehr, daß Du diesen Brief nicht mit dem gleichen Gram und der gleichen Verbitterung liest wie meinen letzten und daß es mir gelingt, Dich zu erreichen und für weitere Gespräche zugänglich zu machen.

Wenngleich Du meine Lieder, die Dich einst aufgeheitert und beglückt haben, jetzt als einlullende Psalmengesänge titulierst, schreibe ich Dir die Verse auf, die Dich ganz am Anfang unserer Beziehung in besonderer Weise berührt haben. Vielleicht mögen Dich die Erinnerungen daran zu einem versöhnlichen Gedanken an mich bewegen.

In der Dunkelheit der Nacht
leuchten leise Hoffnungsspuren,
Sterne funkeln,
die dir sagen,
daß die Finsternis,
die dich umfängt,
nicht das letzte Wort behält.
Aller Schmerz
und alle Bitterkeit,
alle Ängste,
die dich heute noch
gefangenhalten,
werden weichen.
Mit dem ersten Morgenlicht,
das der Schöpfung
einen neuen Tag verheißt,
wird auch deine Seele
sacht erhellt.
Die gelähmten Lebenskräfte
werden wieder
neu belebt.
Und die Schatten
der Verzweiflung
geben – schwindend –
neu der Freude
Raum in dir.

David (Ch. SN)

David und Jonathan

Eine verbotene Liebe

Natürlich bin ich – wie du auch –
mit der Vorstellung groß geworden,
daß es das Normalste von der Welt sei,
wenn Frau und Mann zusammenleben und
irgendwann auch Kinder miteinander bekommen.
Daß Männer auch Männer oder Frauen auch Frauen
lieben können, war nie ein Thema.

Aus einem Tagebuch

Nach Vaters Sieg über die Amalekiter

Heute ist ein junger Mann an unseren Hof gekommen, um Vater aufzuheitern. Nachdem Samuel ihm ins Gesicht geschleudert hatte, daß Gott ihm wegen seines Ungehorsams die Königswürde entziehen wolle, war er in das Loch einer tiefen Depression gestürzt. Ich bin gespannt, ob es diesem David, so heißt er, gelingen wird, Vaters Schwermut zu vertreiben. Ein Hirtenjunge soll er sein, der bisher die Schafe seines Vaters gehütet hat. Deshalb hatte ich mir einen kräftigen und eher schlichten jungen Mann vorgestellt. Um so überraschter war ich, einen ausgesprochen schönen, feingliedrigen jungen Mann zu sehen, mit klaren Augen, die einen wachen Verstand verraten. Und eine Anmut strahlt er aus, wie ich sie bei meinesgleichen selten erlebt habe. Ich freue mich, daß er jetzt bei uns aus- und eingeht. Ich würde gern mit ihm ins Gespräch kommen. Hoffentlich ergibt sich bald dazu die Gelegenheit.

Am nächsten Abend

Wenn meine Eltern wüßten, was ich heute getan habe, würden sie die Hände über dem Kopf zusammenschlagen. Aller guten Erziehung zum Trotz habe ich mich auf leisen Sohlen die Treppe hinuntergeschlichen und vor der Tür zu Vaters privaten Zimmern gelauscht, als David ihm auf der Harfe vorgespielt hat. Ich vergaß alles um mich herum. Wie verzaubert fühlte ich mich durch den Klang des Saitenspiels, ich wurde in andere Sphären entrückt – bis ich jäh in die Wirklichkeit zurückgeholt wurde durch das Rufen meiner Schwester Michal. Hoffentlich hat sie mich nicht mehr gesehen mit dem Ohr an der Tür. Sie kam so schnell herbeigestürmt, daß ich noch ganz durcheinander war, als sie so plötzlich vor mir stand.

Nach Davids Kampf gegen Goliath

Wenn du wüßtest, welche Angst ich heute um dich ausgestanden habe, David, als du dich mutterseelenallein, ohne Rüstung und ohne Waffen dem Riesen Goliath zum Zweikampf gestellt hast. Ich habe am ganzen Leib gezittert, zugleich geschwitzt und gefroren, gebetet, daß Gott dir beistehen und dein Leben bewahren möge, und deinen verdammten Mut verflucht, den ich andererseits grenzenlos bewundere. Was bist du für ein Mensch, David, du tapferer Held, Du begnadeter Harfenspieler, Du einfühlsamer Freund! Es ist ja verrückt: Seit Wochen gehst du bei Hofe aus und ein, wir essen am gleichen Tisch, erzählen einander dies und das, der tägliche Umgang miteinander ist zu einer lieben Gewohnheit geworden. Und erst in dem Augenblick, in dem all das, was so selbstverständlich schien, plötzlich bedroht war, merkte ich, wie gern ich dich eigentlich habe, wie sehr mein Herz an dir hängt. Nie wieder, darum flehe und bete ich, nie wieder soll irgendein Mensch dein Leben bedrohen oder in irgendeiner Weise gefährden. Und ich will zu deinem Schutz beitragen, was in meinen Kräften steht, das schwöre ich dir bei Gott! Mein Mantel, meine Rüstung und mein Schwert, mein Bogen und mein Gürtel, die du fortan tragen wirst, sollen dafür ein Zeichen sein. Wenn du wüßtest, wie glücklich ich bin, daß du meine Geschenke angenommen hast. Ich habe es in deinen Augen gelesen, daß du mir damit nicht nur einen Gefallen erweisen wolltest, sondern daß auch du mir sehr zugetan bist. Und du hast es ja auch ausgesprochen, daß unsere langsam gewachsene Freundschaft auch dir heilig ist und daß wir, komme, was wolle, zusammenhalten wollen. Wie hast du es ausgedrückt: Laß uns einen Bund schließen, Jonathan ...!

Ja, bei Gott, ich bin dir verbunden, David, Herz und Seele hängen an dir.

Die Innigkeit meiner Gefühle für dich macht mir fast Angst – aber ich will mich heute nicht noch einmal beunruhigen lassen nach allem, was in den letzten Stunden geschehen ist, sondern mich einfach der Freude öffnen: daß wir einander so tief verbunden sind, David, daß du heute mit heiler Haut und obendrein mit dem Erfolg des Sieges aus dem Kampf gegen Goliath wieder an unseren Hof zurückgekehrt bist, und nicht zuletzt dafür, daß Vater nicht weniger stolz auf dich ist als ich und dich jetzt ganz am Königshof behalten will. Ach, wenn doch erst morgen wäre und ich wieder deinem Saitenspiel und dem Klang deiner Stimme lauschen könnte!

Am Abend von Davids Hochzeitsfeier mit meiner Schwester Michal

Noch brennen im ganzen Palast die Lichter, und durch das halboffene Fenster höre ich die Musik, die euch zum Tanzen ermuntern will. Nun seid ihr also Mann und Frau, mein Freund David und meine kleine Schwester Michal. Es ist mir ja nicht entgangen, daß Michal dir schon lange schöne Augen gemacht hat. Wen wundert das auch, bei deiner Schönheit und Ausstrahlungskraft!

Ich gönne dir dein Glück, David, und ich hoffe wirklich, daß ihr eine gute Ehe führen könnt. Dennoch durchzieht mich ein merkwürdig wunder Schmerz. Ständig treiben mich Phantasien um, die mich selbst an deiner Seite sehen. Was ist bloß los mit mir? Ich habe es immer so genossen, David, in deiner Nähe zu sein, es war aufregend und spannend für mich, mit dir etwas zu unternehmen. Jetzt aber muß ich mir selbst offen eingestehen, daß ich seit langem mehr für dich empfinde als nur herzliche Freundschaft und treue Kameradschaft. Ich liebe dich, David, mehr als ich jemals eine Frau geliebt habe. Das große Geschenk deiner Zärtlichkeit wird nun heute Nacht meiner Schwester zuteil. Aber das kann meine Liebe zu dir weder schmälern noch ganz zunichte machen. Ob du auch so tief für mich empfindest, David? Ob es auch für uns Zeit und Raum geben wird, miteinander zärtlich sein zu dürfen?

Ein paar Tage später

Ich habe so Angst um dich, David. Ein Glück nur, daß Vater mich bei all seinen Vorhaben nach wie vor ins Vertrauen zieht. So konnte ich dich wenigstens rechtzeitig vor seinen Mordplänen, die er dir gegenüber hegt, warnen und noch einmal mit ihm reden. Ich schäme mich so für meinen eigenen Vater. Nach allem, was du für ihn getan hast. Für heute ist die Gefahr erst einmal gebannt, so daß du aus deinem Versteck wieder herauskommen konntest. Vater hat geschworen, dir nichts anzutun, er will nachher noch selbst mit dir reden. Aber ich weiß nicht, ob ich ihm trauen kann. Wer weiß, ob er es sich morgen nicht wieder anders überlegt. Ich würde es nicht ertragen, wenn dir auch nur ein Haar gekrümmt würde. Wenn du wüßtest, wie lieb ich dich habe und wie schwer es für mich ist, diese Gefühle nach außen ständig verbergen zu müssen. Vorhin, als ich vor Vater hintrat und für dich Partei ergriff, gingen meine leidenschaftlichen Gefühle schon fast mit mir durch. Hoffentlich hat er nichts gemerkt. Ich fürchte, das wäre erst recht ein Grund für ihn, dich beiseite zu schaffen, wenn er erführe, daß ich mich mit Leib und Seele nach dir sehne, David. Eine Liebe zwischen mir und dir, zwischen Mann und Mann würde sein ganzes Weltbild zusammenbrechen lassen. Wahrscheinlich würde er nicht nur dich verfolgen, sondern auch mich aus dem Hause verjagen.

Eine Schwiegertochter will er sehen und Enkelkinder.

Ach, David, wie viele Wochen kennen wir uns jetzt, wie zart sind die Gefühle füreinander gewachsen, wie behutsam waren unsere ersten Begegnungen, wie glücklich war ich, als auch du für mich mehr als nur freundschaftliche Gefühle hegtest. Immer offener wagte ich allmählich, wenigstens dir gegenüber zu zeigen, was ich für dich empfinde. Manchmal genügte schon ein Blick in deine Augen oder eine zarte, fast zufällige Berührung, die mir die Ahnung auch deiner Liebe zur Gewißheit werden ließ. Aber in all dieser Zeit ist nicht ein Tag vergangen, an dem sich in das kostbare Gefühl der Liebe nicht die Bitterkeit der Angst gemischt hätte, die Angst vor meinen eigenen Gefühlen für dich, für einen Mann. Wie viele Nächte habe ich wachgelegen, um erst einmal für mich selbst meine Liebe zu dir akzeptieren zu können, und wie groß war anfangs auch meine Furcht, mich in meiner tiefen Zuneigung zu dir lächerlich zu machen und von dir zurückgewiesen und verspottet zu werden. Aber statt daß wir uns jetzt, nachdem wir einander Stück um Stück in unseren Neigungen offenbart haben, auch zueinander bekennen und unsere Gefühle leben können, müssen wir uns in Heimlichkeiten flüchten, um nicht entdeckt zu werden.

Und obendrein immer noch und immer wieder die Angst um dein Leben, David, die Angst, dich je wieder zu verlieren. Manchmal bin ich völlig verzweifelt. Ich weiß nicht, wen dein Harfenspiel dann mehr aufheitert, meinen Vater oder mich?!

Nach Vaters Attentat auf David

Jetzt haben sich meine bösen Ahnungen doch erfüllt: Vater hat versucht, dich umzubringen, mein geliebter David. Wie bin ich meiner Schwester Michal dankbar, daß sie dir ihre Liebe und Treue erwiesen hat und dir nachts heimlich zur Flucht verhalf. Fast muß ich ihr in meinem Herzen Abbitte tun für meine eifersüchtigen Gedanken in eurer Hochzeitsnacht. Ohne Michal wärest du jetzt vielleicht nicht mehr am Leben. Es ist unglaublich, wie es dir immer wieder gelingt, tödlichen Gefahren zu entkommen. Gott ist wirklich auf deiner Seite, David. Ob auch mein Mantel, meine Rüstung und meine Waffen dazu etwas beitragen, daß du in besonderer Weise behütet bist? Weil du weißt, daß ich so in meiner Liebe bei dir bin?

Wenn Gott sich aber immer wieder darin erweist, daß er dich beschützt – und mir immer wieder Wege gezeigt werden, wie ich dir helfen kann, dann kann doch unsere Liebe vor Gott auch nicht verwerflich sein, oder?

Ein Abend vor Neumond

Wie kannst du nur glauben, daß ich dich töten könnte, ich, der ich dich mehr liebe als mein eigenes Leben. Ich wüßte auch nicht, was für eine Schuld du in Vaters Augen auf dich geladen hast, was er dir überhaupt vorwerfen oder anlasten könnte. Er ist eifersüchtig auf dich, David, eifersüchtig auf deine Erfolge. Deshalb trachtet er dir immer wieder nach dem Leben. Aber wie kannst du auch nur einen Augenblick glauben, ich würde mich von ihm zum Vollstreckungsgehilfen seiner Haß- und Rachepläne machen lassen. Im Gegenteil: ich werde alles tun, dich zu retten, dir zur Flucht zu verhelfen. Bei Gott, du weißt es. Mein ganzes Herz hängt an dir. Was immer geschieht, wir werden miteinander verbunden bleiben, auch über den Tod hinaus. Nichts und niemand wird mich jemals dazu bringen, dieses Gelöbnis dir gegenüber zu brechen.

Zwei Abende später

Jetzt ist es heraus. Wer weiß, wie lange Vater schon wußte, wie nah wir uns sind. Ich versuchte gerade, dein Fehlen bei Tisch zu entschuldigen, als er mich anherrschte: es sei eine Schande, daß mein Herz an dir hinge. So hat er sich ausgedrückt. Er beschimpfte mich und verfluchte obendrein noch meine Mutter auf gemeinste Weise.

Natürlich bin ich – wie du auch – mit der Vorstellung großgeworden, daß es das Normalste von der Welt sei, wenn Frau und Mann zusammenleben und irgendwann auch Kinder miteinander bekommen. Daß Männer auch Männer oder Frauen auch Frauen lieben können, war nie ein Thema. Kein Wunder also, daß ich anfangs so furchtbare Angst vor mir selbst hatte. Ja, das hat man uns immer wieder beigebracht: daß wir uns um Gottes willen rein halten und deshalb vor den heidnischen Bräuchen hüten sollten, um unseren heiligen Jahweglauben nicht mit dem der Kanaanäer zu vermischen, bei denen Homosexualität ja auch im Tempel praktiziert wurde. Männliche Homosexuelle, hast du mir einmal erzählt, gelten dort soviel wie Priester. Ich frage mich, ob es Sinn macht, den Willen unseres Gottes aus der Ablehnung all dessen zu definieren, was anderen Religionen heilig war und ist. Wie vielen Menschen vor uns mag es schon ähnlich ergangen sein, daß sie aus einem falsch verstandenen Gottesgehorsam heraus in Angst und Schuldgefühle getrieben wurden. Wieviel Liebe mag dadurch schon zerstört worden sein. Und ob der Lebenssinn wirklich allein darin bestehen kann, Kinder, am besten noch Söhne, zu zeugen, frage ich mich allmählich. Ist denn das, was die meisten Menschen zu ihrem Lebensinhalt machen und worin sie auch Erfüllung finden mögen, was also landauf, landab als natürlich, als normal und damit auch als dem Schöpfungswillen unseres Gottes gemäß gilt, wirklich die einzige Möglichkeit, Liebe zu leben und Beziehung zu gestalten? Ist Liebe nicht immer ein Geschenk unseres Gottes? Hat Gott, der doch der Inbegriff allen Lebens ist, uns nicht in der Vielfalt unserer Gefühle geschaffen und uns mit tausendfältigen Möglichkeiten beschenkt, Zuneigung und Zärtlichkeit zu und mit anderen Menschen zu leben und zu gestalten? Deshalb, denke ich, kann unsere Liebe und unsere Zärtlichkeit nichts an sich haben, was letztlich gegen Gottes Willen verstößt. Wie viele Kräfte sind mir im Laufe der Zeit aus unserer Liebe zugewachsen, wie hat sie mich immer wieder zutiefst mit Freude erfüllt und lebendig gemacht. Nein, David, für mich liegt das Problem nicht in unserer Liebe und auch nicht darin, sie zu leben, das Problem liegt in erster Linie in denen, die sich vor alldem fürchten, was anders ist als sie selbst. Wer weiß, wie viele von ihnen in sich schon homoerotische Regungen gespürt und unterdrückt haben und vielleicht deshalb meinen, solche Neigungen auch an anderen bekämpfen zu müssen.

Ach, wenn du doch jetzt wenigstens da wärst. So könnte ich dir all diese Gedanken unmittelbar mitteilen, mit dir darüber reden und mich dabei an deine Schulter lehnen. Aber statt mich in deinen Armen bergen zu dürfen, sitze ich und schreibe mir Angst und Zorn von der Seele, während du dich schon seit zwei Tagen wer weiß wo versteckt halten mußt. In Gedanken bin ich bei dir. Vielleicht spürst du, daß ich dich mit meiner Liebe begleite. Ich umarme dich.

Am nächsten Abend

Es zerreißt mir fast das Herz, wenn ich an unseren Abschied heute mittag denke. Immer noch laufen mir die Tränen über das Gesicht. Wie gut war es, dich endlich wieder umarmen und küssen zu dürfen. Was hätte ich dafür gegeben, wenn du endlich wieder hättest mit mir nach Hause gehen und meine Nähe teilen können. Daß Liebe immer mit Schmerz verbunden ist, weiß ich. Aber das Maß an Schmerz und Kummer, an Heimlichkeit und Angst, das mit unserer Liebe verbunden ist, übertrifft oft das, was ich ertragen kann. Wie sehr sehne ich mich danach, daß Vater einmal aufhört, dir nachzustellen, damit wir endlich zusammensein können. Ob diese Träume, Sehnsüchte und Wünsche je wahr werden? Wo du jetzt wohl steckst, wer dir heute wohl ein Nachtquartier gewährt? Paß auf dich auf, daß dir kein Unheil geschieht. Daß ich dich in meinen Gedanken und mit meinen Gebeten begleite, weißt du. Möge Gott bei dir sein, David, und dich beschützen und dich vor allem Dunklen bewahren.

Nach Davids Sieg über die Philister bei Kegila

Endlich, endlich habe ich dich heute wiedersehen können, David, endlich durfte ich dir von Angesicht zu Angesicht gegenübertreten. Wie endlos waren die einsamen Wochen ohne dich, ohne auch nur das geringste Lebenszeichen von dir. Dabei ist kein Tag vergangen, an dem ich nicht an dich gedacht, nicht um dich gebangt, nicht für dich gebetet hätte. In die Stille meiner Gedanken an dich drang heute mittag plötzlich die Kunde von deinem neuerlichen Kampf gegen die Philister bei Kegila. Wie ein Lauffeuer verbreitete sich die Nachricht im Palast: David hat wieder eine Schlacht gewonnen. Jetzt aber hat er sich in der Stadt selbst eingeschlossen. Sofort wollte Vater los, endlich seine langgehegten Rachepläne in die Tat umzusetzen, als auch schon die nächste Botschaft von Mund zu Mund eilte: David ist aus Kegila entkommen, er hält sich im Gebirge und in der Wüste Siph auf. Da gab es für mich kein Halten mehr. Ich mußte losstürmen, dich zu sehen. Aber unsere Begegnung war heute anders als je zuvor. Hatte ich sonst nur eins im Kopf gehabt: dich vor Vaters Angriffen zu warnen, so war ich plötzlich von der merkwürdigen Gewißheit erfüllt, daß er dir nichts mehr anhaben kann. Du stehst unter Gottes Schutz, David. Und du wirst Vaters Nachfolger werden. Es war gut, dir das sagen zu können. Und dann das andere, David: Zum dritten Mal haben wir heute einen Bund miteinander geschlossen. Auch unsere Freundschaft und unsere Liebe kann nicht mehr bedroht werden. Die Angst um dein Leben und unsere heimliche Liebe, ist im Schwinden. Sie weicht der Hoffnung, David, der Hoffnung für dich und für uns. (Ch. SN)

Elia

Im Schatten des Todes

Müde bin ich,
denn vergeblich
scheint mir
meine Mühe.

Eine Meditation

1. Depression

Es ist genug, mein Gott,
es ist genug.
Müde bin ich,
denn vergeblich
scheint mir
meine Mühe;
und allein schon
der Gedanke,
daß die Morgensonne wieder
einen neuen Tag verheißt,
wo ich aufstehn
und mich wieder
neu dem Lebenskampfe
stellen soll,
lähmt mir
alle meine Glieder.
Auch die letzte Hoffnung
ist verbraucht.
Jede Phantasie,
das Leben
einmal noch
mit bunten Träumen anzufüllen,
ist verblaßt.

Wie oft hab' ich gekämpft
und hab' ertragen
Spott und Hohn
und Todesangst
und hab' mich trotzdem
immer wieder aufgerafft
und auf den Weg gemacht,
um irgendwann in all dem Tun
vielleicht doch
einen Sinn zu finden.
Doch das Gefühl,
versagt zu haben,
– in allem –
was mir wichtig schien,
hat sich in meinen Tiefen
eingenistet,
verhöhnt mich teuflisch
wie mit maskenhaftem Grinsen:
Du hast dein Lebensziel
verfehlt.
So bricht das Dunkel
immer wieder
über mich herein,
die Schatten meiner Seele
sind mir selbst schon
wie ein Grab –
ach Gott,
so sei barmherzig
und laß mich endlich
Abschied nehmen
von der Erde
von dem Leben,
laß mich endlich
Ruhe finden,
laß mich sterben,
laß mich sterben,

daß ich endlich
aufgehoben bin
in deinem Frieden,
denn ich kann nicht mehr,
mein Gott,
es ist genug,
es ist genug.

2. Begegnung mit dem Engel

Doch die Finsternis
der Nacht
wird von leisem Licht
durchwoben,
Lebenshunger
endlos-ewig
findet Nahrung:
Brot,
das neue Kraft
verheißt.
Die versiegten
Lebensquellen
fangen wieder an
zu strömen:
Wasser,
das den Strom des Lebens
wieder neu
bewegen will.
Doch noch trau' ich nicht
den Bildern,
die sich aus dem Dunkel
lichtwärts zu mir
durchgeträumt.
Noch erschöpft
von all der Qual

laß ich mich noch einmal
fallen:
Schlaf, verschlinge mich
auf ewig,
daß ich endlich
Ruhe finde –
doch die Nacht
verliert die Schatten,
die Verzweiflung
löst die klammernde
Umarmung.
Erster Morgenstrahl
– noch zaghaft –
rührt das Herz
ganz leise an,
das sich noch nicht
wieder traut
für den neuen Tag
zu schlagen,
doch das Licht,
es gibt nicht auf:
trocknet Tränen,
vielgeweinte
in der Nacht,
taut vereiste
Hoffnung auf,
wärmt zu neuem
Liebesmut
und belebt
erlahmte Kräfte,
doch an diesem Morgen
aufzustehen
und den Aufstand
neu zu wagen
für das Leben,
das mich will. (Ch. SN)

Ahab und Naboth

Was du ererbt von deinen Vätern ...

Daher ist dieser Weinberg nicht irgendein Stück Land,
das veräußerbar oder austauschbar wäre,
ist mir doch gerade dieses Fleckchen Erde
zum Symbol für Trost und Geborgenheit geworden und
läßt mich dadurch eine höhere Wirklichkeit erahnen,
die über mich selbst und die eigene Begrenztheit
hinausweist; insofern hat eben dieser Weinberg für
mich gleichsam sakramentale Bedeutung gewonnen.

Verehrter König Ahab!

Unser Gespräch von gestern ist mir durch und durch gegangen. Bis spät in die Nacht habe ich noch mit meiner Familie darüber diskutiert, und es waren vor allem die Kinder, die mich dazu drängten, mich noch einmal schriftlich an Dich zu wenden.

Du bist mit dem Anliegen zu mir gekommen, meinen Weinberg kaufen zu wollen, weil er unmittelbar neben deinem Palast liegt und Ihr ihn gern, wie man hört, in einen Nutzgarten verwandeln möchtet. Vermutlich ist dies ein Wunsch Deiner Frau, die aufgrund ihrer religiösen Tradition, die sie aus ihrem Heimatland Phönizien mitgebracht hat, wohl nicht wirklich nachvollziehen kann, was uns in Israel Grund und Boden bedeutet. Nur so kann ich es mir noch halbwegs erklären, daß Du, verehrter König Ahab, der Du doch in der Tradition unserer Väter und Mütter aufgewachsen bist, mit diesem Anliegen überhaupt an mich herangetreten bist: denn Du weißt doch selbst, daß dieses Land, in das uns Gott nach der Sklaverei in Ägypten geführt hat, eine Leihgabe Gottes an uns ist.

Die Freiheit, die uns nach den furchtbaren Jahren von Unterdrückung, Unrecht und unendlichem Leiden für viele von uns endlich geschenkt wurde, schließt die Verpflichtung ein, mit unserem Grund und Boden und all dem Wohlstand, den wir im Lauf der Jahre dadurch erworben haben, verantwortlich umzugehen. Schließlich wollen auch unsere Kinder noch eine Welt vorfinden, in der zu leben es sich lohnt.

Wenngleich die Reichtümer unseres Landes nicht auf alle gleich verteilt sind, so hat doch jeder sein Auskommen. Wo kämen wir denn hin, wenn jetzt die Reicheren den Ärmeren ihren Grund und Boden, ihre Geschäfte und Häuser abkaufen wollten – obwohl das ja wohl immer wieder passiert, wie man hört. Kurzfristig mag vielleicht so manchem von denen, die weniger haben, die bare Münze, die harte Währung eine Versuchung sein, sich endlich auf den Märkten einmal das kaufen zu können, was sie sich vielleicht lange nicht oder gar noch nie haben leisten können. Und ich muß zugeben: ich wüßte auch etwas mit dem Geld, das Du mir für meinen Weinberg geboten hast, anzufangen. Aber wenn es ausgegeben ist, wenn der rauschhafte Reiz verflogen ist, was dann? Wovon soll meine Familie, wovon sollen meine Kinder leben? Soll ich zusammen mit ihrer Existenzgrundlage ihre Freiheit und ihre Würde verkaufen und sie einer Zukunft überlassen, in der sie sich bei Euch und Euresgleichen als billige Arbeitskräfte verdingen müssen, um überhaupt leben zu können, ihrer Selbstbestimmung beraubt?

Und was geschähe mit unserem Besitz? Heute will Deine Frau einen Gemüsegarten daraus machen – und morgen? Wenn sie der Feigen und Oliven überdrüssig geworden ist, kommt Euch vielleicht die Idee, daß man ihn ja auch bebauen könnte. Beste Wohnlage wäre es ja. Und solange kein Eigenbedarf besteht und Eure Kinder noch klein sind, könntet Ihr die Häuser vermieten oder gar weiterverkaufen an die, denen ihr vorher ihren Grund und Boden und ihre einfachen Unterkünfte für eine lächerlich niedrige Summe abgenommen habt. Willkürlicher Spekulation wäre damit Tür und Tor geöffnet, und die Besitzverhältnisse in unserem Land würden immer ungerechter: Hab und Gut würde sich zunehmend in den Händen weniger konzentrieren – die Folgen wären Abhängigkeit und Entwürdigung des Großteils unseres Volkes. Das darf nicht sein.

Gott mutet uns zu, die Grenzen zwischen dem, was mir und dir gehört, anzuerkennen.

Er bewahrt uns mit diesem Gebot vor permanenter Besitzgier und Habsucht und erhält uns selbst und unsere Nachbarn in ihrer Unabhängigkeit und Freiheit und damit in ihrer Menschenwürde, die er einem jeden von uns als seinem Ebenbild mit in die Wiege gelegt hat.

Ich hoffe, verehrter König Ahab, Du nimmst mir meine offenen Worte nicht übel. Aber vielleicht habe ich Dir hiermit meine Gedanken klarer vermitteln können als gestern in der ersten Aufregung, als Du mich völlig unvorbereitet mit deinem Anliegen konfrontiert hast.

In Achtung und Ehrerbietung grüßt Dich

Naboth (Ch. SN)

Mein lieber Naboth,

ich danke Dir und erachte es als eine Geste des Vertrauens, daß Du Dich mit Deinem Brief noch einmal persönlich an Deinen König wendest. Ich weiß ja, daß es Dir nach unserer alten Rechtsauffassung schwerfällt, mein Anliegen zu verstehen und zu akzeptieren. Aber allein die Tatsache Deines Briefes signalisiert Einsicht, und ich denke, wir werden es als vernünftige Menschen doch schaffen, einen unnötigen Konflikt zu vermeiden und die ganze Angelegenheit in Ruhe und Frieden zu regeln.

Nun zu Deinen konkreten Befürchtungen: Du bist ein erfahrener und gottesfürchtiger Mann. Das schätze ich an Dir. Es gibt in unseren modernen Zeiten nicht mehr allzu viele Menschen, die sich noch so intensiv mit der Vergangenheit unseres Volkes auseinandersetzen und sich an die alten Weisungen gebunden fühlen. Wir verdanken unserem Gott die Freiheit, das Land, den Grund und Boden, wie Du es nennst. Und deshalb sind wir gehalten, verantwortlich mit dem uns anvertrauten Gut umzugehen. Da denke ich genau wie Du, Naboth.

Zugleich aber möchte ich Dich ermuntern, die tradierten Werte und Gesetzesgrundlagen nicht starr und statisch anzuwenden, sondern Fortschritt und Wirtschaftswachstum für den einzelnen wie für das Volk als ganzes durch flexibles Verhalten zu fördern. Du malst in Deinem Brief ein beinahe apokalyptisches Bild von einer Zweiklassengesellschaft. Da gibt es am Ende nur noch Reiche und Arme, Besitzende und Besitzlose, Freie und

Knechte. Und den Grund für diese Entwicklung siehst Du in der permanenten Besitzgier und Habsucht, von der die Menschen getrieben seien. Ein erbarmungsloser Kampf ums Haben, den jeder gegen jeden austrägt und damit Unabhängigkeit, freie Selbstbestimmung und Menschenwürde mit Füßen tritt.

Mein lieber Naboth, ich habe mich nach der Lektüre Deines Briefes tief betroffen gefragt: Was läßt Dich eigentlich so schlecht von den Menschen denken? Besitz verpflichtet doch auch! Wir Israeliten leben doch in einer Sozialgemeinschaft, die solche barbarischen Vorstellungen, wie Du sie befürchtest, absurd erscheinen läßt.

Eher könnte man meinen, Du scheinst da bewußt jetzt Angst und Stimmung im Volk zu schüren. Aber mit Schwarz-Weiß-Malerei, mein Freund, ist schon früher versucht worden, Fortschritt und Entwicklung aufzuhalten.

Als geschichtsbewußtem Menschen werden Dir noch die Zeiten und Konflikte unserer Staatsgründung vor Augen sein. Ständig mit dem Zitat des ersten Gebotes auf den Lippen versuchte da ein oppositioneller, nicht einflußloser Kreis ewig Gestriger, die Installation des Königtums in unserem Land zu hintertreiben. Dabei wußte schon damals alle Welt, daß wir es uns auf Dauer nicht leisten konnten, im Denken des alten Stämmeverbandes zu verharren. Wo die anderen Völker mit einem König an der Spitze und einem geregelten Beamtenapparat einflußreiche Außenpolitik betrieben, wurschtelten wir mit unseren Richtern und charismatischen Heerführern herum. Alles Folgen einer für den Staat letztlich gefährlichen Einmischung weniger religiöser Führer, die sich dann auch noch Propheten Gottes nannten, in das politische Alltagsgeschäft.

Ich sage Dir, wir wären als Nation zu geschichtlicher Bedeutungslosigkeit verdammt gewesen, hätte sich nicht

David nach den Schwierigkeiten seines Vorgängers über die veralteten Bedenken hinweggesetzt und unser Land zu Macht, Reichtum und Ansehen geführt.

An dem, der die Zeichen der Zeit versäumt, läuft die Geschichte vorbei!

So auch heute, lieber Naboth. Der Grundbesitz ist eines. Was Du daraus machst, wie Du mit Deinem Eigentum umgehst, das freie Spiel der wirtschaftlichen Kräfte, ist ein anderes. Beides zur rechten Zeit mit Umsicht und Verantwortung einzusetzen ist nicht nur ein Gebot der wirtschaftlichen Vernunft, sondern gehört, denke ich, zum Auftrag, den uns Gott zur Gestaltung unseres Lebens und unserer Gesellschaft gegeben hat.

Also, mein lieber Naboth, sage niemals „nie", sondern prüfe, was vernünftig ist.

Bedenke, daß Du im Alter vielleicht mit dem Vorwurf Deiner Kinder leben mußt, aus mangelnder Risikobereitschaft nichts aus Deinem Leben gemacht zu haben. Dann sitzt Deine Familie nach 30 Jahren verarmt auf derselben Scholle, weil Du, verbohrt in Deinem Stolz, ungebeugt und prinzipientreu am Erfolg des Lebens vorbeigegangen bist.

Sei nicht dumm, Naboth! Gottes Geschenk des Landes an jeden einzelnen Bürger ist doch eher so etwas wie ein Startkapital. Was Du daraus machst, wie Du damit arbeitest, das liegt doch weitgehend in Deiner Hand, und da solltest Du Dir durch falsche Prinzipientreue nicht von vornherein alle Möglichkeiten verbauen.

Zudem, denke ich, habe ich Dir ein faires Angebot unterbreitet. Der Kaufpreis, das wirst Du selbst bestätigen, geht in Ordnung.

Ganz abgesehen davon – und das verschweigst Du in Deinem Brief – habe ich Dir ja auch noch das Angebot gemacht, Dich mit einem anderen Weinberg, in einer für den Weinanbau noch günstigeren Lage, zu entschädigen. Aber Du stehst bisher nur stur und steif da und zeigst wie ein trotziges Kind mit dem Finger immer wieder nur auf dieses selbe Fleckchen Land.

Ein letzter Gedanke, lieber Naboth: Ich habe keine Veranlassung, mich vor Dir zu rechtfertigen. Aber ich will Dir sagen, warum ich gerade an Deinem Stückchen Land so interessiert bin. Natürlich spielt die zentrale Lage direkt neben meinem Palast eine Rolle. Aber nicht, wie Du schon wieder mißtrauisch denkst, weil ich heute schon irgendwelche Spekulationsgewinne im Auge hätte. Nein, als König habe ich doch ganz andere Verpflichtungen, als Du es Dir in Deiner Kleinbäuerlichkeit überhaupt wirst vorstellen können! Repräsentationsaufgaben, Empfänge, der große Personalbestand in unserem Haus. Um die Versorgung für all diese Bereiche sicherzustellen, muß ich dringend meine Anbauflächen erweitern – und zwar aus ökonomischen Gründen in der Nähe des Palastes.

Du siehst, die Staatsräson und Fürsorgepflicht treibt mich zu weitsichtigem Handeln. Und in diesem Zusammenhang hoffe ich nach wie vor auf Deine Loyalität. Du fühlst Dich unserem Gott verpflichtet, das ehrt Dich, auch wenn Du daraus die falschen Schlüsse ziehst. Aber zugleich solltest Du Dich auch unserem Staat und seinem Wohl verpflichtet fühlen. Und nur dafür spreche ich und stehe ich persönlich ein. Spiele nicht das eine gegen das andere aus. Es besteht keine Veranlassung dazu. Das Königtum in unserem Lande ist gottgewollt. Daran gibt es überhaupt keinen Zweifel, auch wenn einige Chaoten das anders sehen mögen. Also trage auch Du Deinen Teil zum Wohl unseres Landes bei!

In der Hoffnung, daß Dich meine wohlmeinenden Worte erreichen und daß unsere geschäftlichen Beziehungen zu einem für uns alle fruchtbaren Erfolg führen mögen, grüße ich Dich.

Dein König Ahab (G. L.)

Verehrter König Ahab!

Für Deinen offenen, ausführlichen Brief und die damit verbundene Bereitschaft, mit mir im Gespräch zu bleiben, danke ich Dir herzlich. Lange habe ich mir Deine Zeilen durch Kopf und Gemüt gehen lassen, jeden Gedanken mit meinen Kindern besprochen, deren Glück und Wohlergehen ich wahrlich nicht durch falschen Stolz oder Prinzipientreue blockieren will. Es geht mir nicht, wie Du es mir vorwirfst, um bornierten Konservatismus, um ein starres Festhalten am Althergebrachten. Im Grunde geht es nicht einmal nur um meinen Weinberg, sondern in viel tieferem Sinn um die Bewahrung unserer religiösen Werte. Auch damit will ich keiner unbeweglichen Orthodoxie das Wort reden – allzuoft ist leider lebendige Religiosität mit einem starren Gesetzesgehorsam verwechselt worden – nein, wenn ich von religiösen Werten rede, so meine ich damit in allererster Linie Freiheit, wie sie uns unser Gott Jahwe in der Geschichte immer wieder hat erfahren lassen. Und dazu gehört wesentlich, daß Grundbedürfnisse wie Essen und Trinken, Bildung, Rede- und Meinungsfreiheit und ein Leben in Frieden mit den Nachbarstaaten garantiert sind. Ich weiß sehr wohl, daß es zur Verwirklichung solch umfassender Freiheit einer verantwortungsvollen Politik bedarf. Ich bin dankbar dafür, daß wir jetzt in Frieden leben und es auch zu etwas Wohlstand haben bringen können, den meine Familie und ich durchaus genießen. Mit unserer Hände Arbeit gelingt es uns, uns zu ernähren und uns auch etwas für schlechte Zeiten zurückzulegen. Insofern haben wir unser Eigentum in gewisser Weise als eine Art „Startkapital" zu einem zufriedenen Leben genutzt, so wie jeder Mensch das, was ihm mitgegeben ist, mit Verstand und Fleiß einsetzen soll, um sein Leben – in aller Achtung vor dem, was der andere ist und hat – zur Erfüllung zu bringen. Warum aber, verehrter König Ahab, können wir es dabei nicht voller Dankbarkeit genug sein lassen? Wozu ständiges Wirtschaftswachstum, Risikobereitschaft im Umgang mit Eigentum, Spekulation mit Kapital, was Du so verharmlosend als ‚freies Spiel der wirtschaftlichen Kräfte' umschreibst? Das scheinen die Erfolgsrezepte unserer Zeit zu sein, man hört es ja überall. Dabei will ich niemandem die Freude vergällen an dem, was er sich erarbeitet hat. Was mir gefährlich erscheint, ist der Sinnverlust, der diese Entwicklung begleitet.

Haben wir uns bisher bemüht, als Gottes Ebenbild zu leben, als Gegenüber des ‚Ich bin, der ich bin' versucht, in unserer Wesensvielfalt freie und verantwortungsbewußte, ganze Menschen zu sein oder zu werden, so bestimmt zunehmend das Haben unser Sein nach dem bekannten Motto: „Hast du was, dann bist du was." Es ist wohl nicht pessimistisch, sondern leider allzu realistisch über den Menschen gedacht, wenn ich ihn im tiefsten Grund seiner Seele für habsüchtig und machtgierig halte, für allzu leicht verführbar, Haus und Hof oder ein wenig Erspartes dranzugeben, um sich diese oder jene Luxusgüter zu erwerben, nur weil der Nachbar sie auch hat. Mancher ist sogar bereit, dafür seine Seele dem Teufel zu verkaufen, wie man sagt.

Selbstentfremdung nennt man das vornehm, wenn der Mensch seine ihm von Gott verliehene personale Würde aufgibt, indem er sich selbst verkauft und damit seine Identität verliert. Und was das in der gesellschaftlichen Realität bedeutet, sieht man ja heute schon: der

Gott, der uns als Mitte unseres Lebens die Freiheit schenkt, ist vergessen. Statt dessen treiben die Leute allerlei mysteriöse Kulte und laufen allen möglichen falschen Propheten nach. Heute beten sie Baal und Aschera an und morgen das Kapital, den Wohlstand und den Fortschritt. Die Reichen beuten die Armen aus, bezahlen ihnen geringe Löhne, hauen sie mit falschen Gewichtsmaßen übers Ohr, sie treiben Mietwucher und bestechen die Zeugen vor Gericht. Die apokalyptische Vision einer Zweiklassengesellschaft, die Du mir vorwirfst, ist doch schon an allen Ecken und Enden Realität – und das ist um so schlimmer, als wir unser Staatswesen als Sozialgemeinschaft verstehen.

Eine verantwortungsvolle Politik müßte, so meine ich, die Menschen davor bewahren, daß sie sich von den modernen Götzen versklaven lassen, statt sie mit dem vermeintlichen Zauberwort vom ‚Wirtschaftswachstum' zu immer mehr Konsum, Anspruchsdenken, Neid und Mißgunst zu verführen. Auf dem Weg dazu, die z.T. krassen wirtschaftlichen und sozialen Mißstände abzubauen, damit Recht und Gerechtigkeit auch für die Armen Wirklichkeit werden, kannst Du, verehrter König Ahab, jederzeit mit meiner tatkräftigen Unterstützung rechnen.

Wozu aber bedarf es bei der Bewältigung solch schwieriger Aufgaben repräsentativer Empfänge und eines kostspieligen, weil aufwendigen Beamtenapparates, der doch nur dem äußeren Ansehen dient und dazu verführt, mit den Nachbarstaaten durch Blendwerk zu konkurrieren! Du weißt doch selbst, wohin die Unersättlichkeit des sonst so hochgeschätzten Königs Salomo geführt hat: zu immer höheren Steuern, zum Aufstand und zuletzt zur Teilung unseres Vaterlandes. Unter den Folgen haben wir bis heute zu leiden.

Nein, verehrter König, auf diesem Weg zu wirtschaftlicher Ungleichheit, zu Persönlichkeitszerfall und Sinnentleerung gehen meine Familie und ich nicht mit. Wir wollen an dem festhalten, was uns heilig ist, was unsere Identität bestimmt.

Und deshalb bleibe ich dabei, daß ich Dir das, woran mein Herz mit Liebe hängt, was mein Leben im letzten ausmacht und mich trägt – mein persönliches göttliches Erbe, wenn man so will –, daß ich Dir den Weinberg also nicht verkaufe.

Daß du diese Haltung als borniert, dumm, kleinbäuerlich und ewig gestrig bezeichnest, berührt mich nicht im geringsten, denn nicht alles, was als zeitgemäß gilt, dient auch dem Wohl, der Freiheit und der heilvollen Entfaltungsmöglichkeit eines jeden Menschen – und damit dem Willen Gottes.

Glaub mir, es liegt eine ungeheure Freiheit darin, nicht alles haben zu müssen, was man haben könnte.

In der Hoffnung, daß Du meine Glaubenshaltung verstehen und meine dadurch bedingte Entscheidung akzeptieren kannst, grüße ich Dich in Achtung und Ehrerbietung.

Dein Naboth (Ch. SN)

Sehr geehrter Naboth,

Ich kann mich des Eindrucks kaum erwehren, als spräche aus Deinen Worten die Stimme jenes verdrehten Kopfes Elia, der in diesen Tagen unser Land verwirrt. Ich will Dir nicht unterstellen, daß Du mit seinen terroristischen Methoden sympathisierst – Du wirst Dich auch mit Entsetzen daran erinnern, welch immensen Schaden er dem kulturellen und religiösen Leben unseres Staates damals mit seinen Aktionen auf dem Berg Karmel zugefügt hat. Also hüte Deine Zunge und halte Dich fern von solchem staatsfeindlichen und zersetzenden Gedankengut!

Es steht Dir nicht an, Naboth, in einem derartig kritischen Ton die umsichtige Politik unseres verehrten Königs Salomo zu beurteilen!

Auch wirst Du nur schwer einschätzen können, wozu wir unseren loyalen Beamtenapparat brauchen und wie wichtig es ist, gerade auch durch Repräsentationsaufgaben die Verbindung zu anderen Königen und Nachbarvölkern zu pflegen. Hier einfach Machtgier und Geltungssucht zu unterstellen, grenzt fast an Beleidigung. Nun gut, ich will es bei einer Mahnung bewenden lassen. Zu Deinen idealistischen Ansichten über Grundwerte wie Freiheit und Frieden und zu Deinen etwas langatmigen, beinahe theologischen Darlegungen über die Bewahrung unserer religiösen Traditionen will ich mich jetzt nicht noch einmal äußern.

Aber eines möchte ich doch in aller Deutlichkeit klarstellen, weil Du damit in Deiner populistischen Art einen Punkt anrührst, der zur Zeit, wie ich höre, in manchen Kreisen unseres Volkes bewegt diskutiert wird: Du stellst auf geschickte, aber infame Art und Weise eine Verbindung her zwischen den wirtschaftlichen Bestrebungen unseres Volkes und einer angeblich aufkeimenden Abgötterei. Diese siehst Du – naiv und undifferenziert – in der Toleranz unserer Politik fremdländischen kulturellen und religiösen Bräuchen gegenüber. Ich sehe, worauf Du hinauswillst. Raffiniert hast Du ja schon in Deinem ersten Brief immer wieder den Namen meiner Frau, Deiner Königin, einfließen lassen und den Eindruck erweckt, sie trage die Verantwortung für den von Dir befürchteten sittlichen und religiösen Verfall.

Weißt Du eigentlich, Naboth, wie wichtig für unser Land die Verbindung zu den phönizischen Küstenstädten geworden ist, die durch diese Heirat entstand?

Hast Du eigentlich eine Ahnung, was verantwortungsvolle Führung unseres Landes in Zeiten einer enger zusammenwachsenden Welt bedeutet?

Es kommt mir vor, als ob Du und Deinesgleichen Euch in eine heile Nische zurückziehen wolltet, wo Ihr intolerant und religiös fanatisch nur Eure Traditionen gelten laßt und glaubt, allein schon durch das Gespräch mit Andersdenkenden Euch die Hände und mehr noch die Seele schmutzig zu machen.

Religiöse Absonderung ist aber, Gott sei Dank, eine Politik von vorgestern. Wir leben mehr und mehr in einer multikulturellen Gesellschaft. Das eröffnet auch Chancen der Verständigung und des Friedens, den Du so oft zitierst. Ich habe als König dieses Landes nicht die Absicht, unsere religiösen Traditionen und Bräuche abzuschaffen. Und ich fühle mich, wie Du, allein unserem lebendigen Gott, der Mitte unseres Lebens, verpflichtet. Aber das darf mich doch nicht blind machen unserer

Umwelt gegenüber und haßerfüllt gegen alle, die anders denken, fühlen und glauben.

Willst Du wie Elia mit dem Schwert in der Hand für eine unzeitgemäße Sache kämpfen?

Sollte denn Gott Freiheit nur uns und nicht auch anderen Völkern ermöglichen?

Immer wieder lese ich aus Deinen beiden Briefen diese Angst vor religiöser Verwirrung heraus, die Dich bis in Deine wirtschaftlichen Entscheidungen verfolgt. Das eine hat aber doch mit dem anderen gar nichts zu tun.

Laß doch den Phöniziern ihren Glauben. Und wenn sich in unserem Land durch politisch opportune Entscheidungen eine andersgläubige Gemeinde gebildet hat, so sei Ihnen gegenüber tolerant.

Und schließlich: Laß uns doch mit Vernunft entscheiden, was sich von den politischen und wirtschaftlichen Entwicklungen in anderen Ländern auch für unser Land zu übernehmen lohnt.

Es ist fast lächerlich, Naboth, über Deinen Weinberg eine so tiefgehende Debatte zu führen. Aber ich sehe bei allem Zündstoff, den Deine Briefe enthalten, die Ängste, die Dich umtreiben, und möchte Dir deshalb entgegenkommen.

Bedenke aber auch Du, daß alle Geduld einmal ein Ende haben kann. Anderswo würde kurzer Prozeß gemacht und nicht lange diskutiert. Ich brauche Deinen Weinberg und will ihn haben.

Also sei nicht dumm und verbaue Dir durch Starrsinn nicht Deine Zukunft.

Ich werde mich heute abend im engeren Kreis beraten, und dann wird entschieden werden müssen, was zu tun ist.

König Ahab (G. L.)

Verehrter König Ahab!

Seitenweise redest Du von Toleranz, forderst von mir Verständnis und Einsicht in alle neuen religiösen und politischen Strömungen unserer Zeit. Warum aber, so frage ich Dich, fällt es Dir dann selbst so schwer, mich in meinen Überzeugungen und den daraus entstehenden Entscheidungen zu tolerieren und zu akzeptieren? Und wenn Du schon die Gefahren einer zunehmenden religiösen Zersetzung unseres Volkes nicht siehst oder nicht sehen willst, die zu einem Zerfall der ethischen Werte und damit – langfristig gesehen – auch zu erheblichen psychologischen Problemen führen wird, so sei doch wenigstens großherzig genug, die Entscheidung eines einzelnen anzuerkennen.

Es geht, das habe ich mehrfach versucht, Dir deutlich zu machen, bei meinem Weinberg nicht nur um ein Stück Land und wenn ich mich auf das altisraelitische Bodenrecht berufe, nicht um einen starren Konservatismus, und erst recht geht es nicht um Sturheit und Eigensinn oder was Du mir sonst alles vorwirfst. An meinem Weinberg hängt mein Leben, er ist ein Stück von mir. Wie oft bin ich als kleiner Junge hinaufgelaufen; es gibt dort einen ganz bestimmten Platz, an dem ich mich so manches Mal verborgen hatte, sei es mit einem kindlichen Schmerz, der mir die Tränen in die Augen getrieben hatte, oder mit einer hellen Freude, mit der ich in meinem Übermut allein sein wollte. Wenn die Weinstöcke an diesem Ort sprechen könnten, so könnten sie meine halbe Kindheit erzählen. Als treue Gefährten bewahren sie die Geheimnisse meiner Kindheit in verläßlichem Schweigen. Von daher ist dieser Weinberg nicht irgendein Stück Land, das veräußerbar oder austauschbar wäre. Dieses Fleckchen Erde ist mir zum Symbol für Trost und Geborgenheit geworden. Es läßt mich dadurch eine höhere Wirklichkeit erahnen, die über mich selbst und meine eigene Begrenztheit hinausweist. Insofern hat eben dieser Weinberg für mich gleichsam sakramentale Bedeutung gewonnen. Das alles meinte ich, als ich Dir schrieb, daß ich an dem festhalten will, was meine Identität bestimmt.

Überlege doch selbst einmal, verehrter König Ahab, ob es in Deinem Leben nicht auch solche Dinge gibt, die Dich an eine einschneidende Situation in deinem Leben erinnern, die im Laufe der Zeit zu einem Teil von Dir selbst und Dir damit heilig geworden sind: das Hochzeitsgeschenk Deiner Frau vielleicht, das Dir ein Zeichen ihrer Liebe ist, eine erste ungelenke Kinderzeichnung von einem Deiner Kleinen, die in dem blinden Vertrauen, in dem sie Dir eifrig entgegengestreckt wurde, Dein Herz in besonderer Weise berührt hat, oder ein ganz persönliches Vermächtnis Deines Vaters Omri, das Dich an die familiären Bindungen zu Deinen Vorfahren und damit zugleich an deine Verantwortung für deine Kinder und Kindeskinder verweist, oder was auch immer ... Ich bin sicher, daß es auch in Deinem Leben das ein oder andere gibt, das für Dich mehr ist als nur eine Sache, das durch besondere Erinnerungen an sinnstiftende Erlebnisse mit Leben beseelt ist und dadurch religiöse Bedeutung bekommen hat.

Ich hoffe, es ist mir mit diesen Zeilen heute besser gelungen als bisher, Dir deutlich zu machen, verehrter König Ahab, warum ich Dir letztlich meinen Weinberg nicht nur nicht verkaufen will, sondern aus tiefster Seele heraus nicht verkaufen kann. Ein wenig hatte ich mich bisher – das muß ich offen zugeben – gescheut, meine innersten Gefühle und religiösen Empfindungen so offen zu Papier zu bringen. Jetzt aber rechne ich doch mit Deiner Einfühlsamkeit, Deinem Verständnis und Deiner Achtung vor dem, was mir heilig ist.

Möge Gott Dich behüten und Dich in Deinen Entscheidungen leiten.

Naboth (Ch. SN)

Jona

Der Güte zuviel

Ich wußte doch:
Du bist ein gnädiger und barmherziger Gott,
langmütig und von großer Liebe
und läßt dich des Unheils gereuen.
Darum nimm mir doch die Last des Lebens ab.
Ich will sterben.
Ich sehe keinen Sinn mehr in diesem Dasein.

Ein Selbstgespräch

Jonas Flucht

Warum nur ich? Warum trifft es mich? Ich halte das nicht aus! Ich will weg von hier. Nur fort, ans Ende der Welt! Wo mich keiner findet, um mich derartig in die Pflicht zu nehmen: „Auf, Jona, geh nach Ninive, in diese große Stadt, und predige wider sie; denn ihre Bosheit ist vor mich gekommen." Nein, mein lieber Gott, diesen Gefallen kann und will ich dir nicht tun. Nicht diesen! Hast du denn jegliche Realität aus den Augen verloren? Weißt du nicht mehr, was Ninive ist? Welche Menschen dort leben? Und wer bin ich denn, ich, Jona, um nach Ninive zu gehen und dort meinen Mund aufzumachen? Ein kleiner Mann aus dieser unbedeutenden Provinz Palästina!

Ja, ich habe Angst vor diesem Auftrag. Verstehst du das nicht? Angst, den Menschen in Ninive das Gericht anzusagen. Wenn ich überhaupt heil dorthin käme und Gelegenheit fände zu sprechen, weißt du, was sie mit mir täten? Kaum hätte ich ein paar Sätze gesagt, würden sie mich packen und vierteilen. Es sind bösartige Menschen, du weißt es doch, lauter bösartige Menschen, und sie schrecken vor nichts zurück.

Und selbst wenn ich es täte, wenn ich deinem Auftrag folgte und in den sicheren Tod ginge, wozu sollte dieses Opfer nütze sein? Worin sollte es seinen Sinn haben? Was in der Geschichte würde sich dadurch ändern?

Viele Anregungen dieses Kapitels verdanken wir dem Buch von Ernst Lange: „Die verbesserliche Welt", Stuttgart 1968. Lange hat so präzise und anschaulich formuliert, daß wir einige Gedanken ohne besondere Kennzeichnung wörtlich übernommen haben.

Nein, zum Helden bin ich nicht geboren. Und schon gar nicht für ein sinnloses Unterfangen. Sollen die bösen Menschen doch irgendwann ihrer gerechten Strafe entgegengehen. Ich kann und will sie nicht davor bewahren.

Und hier, mein Gott, sitzt der eigentliche Grund für meine Weigerung. Ich könnte es nicht ertragen, wenn ... Ja, ich habe so eine bestimmte Ahnung, als könntest du etwas ganz anderes vorhaben. Nein, daran will ich gar nicht denken. Alle gültigen moralischen Werte würden sich dann verkehren. Recht könnte nicht mehr Recht und Unrecht nicht mehr Unrecht genannt werden. Die Grenzen zwischen Gut und Böse würden verwischt. Nein, nein, nein! Diesen Auftrag kann ich nicht annehmen! Nur fort von hier, fort ans Ende der Welt! (G. L.)

Im Bauch des Fisches

Alles wird dunkel um mich herum – und in mir. Lebensmut und Tatendrang haben mich verlassen, von Hoffnung kann keine Rede mehr sein. Ich sehe kein Ziel, keine Aufgabe mehr, für die zu leben es sich lohnt. Mir ist, als säße ich in einer dunklen Höhle, aus der es kein Entrinnen mehr gibt, ich fühle mich wie gelähmt und bei lebendigem Leibe tot und begraben, verlassen von Gott und der Welt. Die Gedanken drehen sich im Kreis. Stunde um Stunde vergeht, ohne daß ich noch ein Gefühl für die Zeit habe. Ich vergrabe mich immer mehr in meiner Verzweiflung. Was soll ich tun? Meine Träume von einem erfüllten Leben verwirklichen oder mich dem göttlichen Auftrag stellen, der mir so wenig Glück und Erfüllung verheißt? Oder gibt es nur noch einen letzten Weg der Flucht: den Tod?

Tag und Nacht quäle ich mich. Und wenn Gottes Weg mit mir doch nicht vergeblich ist?! Würde er mich doch nur befreien aus diesem Gefängnis meiner inneren Höllenqualen.

Langsam erwacht wieder ein leises Vertrauen in mir. Vielleicht gibt es doch noch eine vage Spur von Hoffnung und damit Zukunft für mich, die nicht völlig sinnentleert ist. Mir scheint, als würde sich nach endloser Nacht ein zaghafter Lichtstreifen am Horizont zeigen. Ich beginne wieder wahrzunehmen, was um mich herum geschieht, ganz allmählich wird die Welt wieder farbig und hell. Ich bin dem Leben zurückgegeben.

Eines habe ich gelernt: man kann nicht auf Dauer vor der eigentlichen, tiefsten Bestimmung davonlaufen, auch wenn sie mit den bewußten Träumen und Phantasien von einem glücklichen und gelingenden Leben nicht übereinstimmt. Flucht, ein Verdrängen dessen, was im Augenblick von einem gefordert ist, endet letztlich in einer Katastrophe und zieht oft völlig unbeteiligte Menschen in Mitleidenschaft. Das habe ich ja auf dem Schiff selbst erlebt. Ich hatte mir das alles so schön ausgedacht: ein neuer Ort, neue Menschen, ein neuer Anfang. Aber ich habe dabei außer acht gelassen, daß ich zwar viel Äußeres hinter mir lassen kann – aber daß ich mich selbst mitnehme, wohin ich auch gehe. Jetzt weiß ich, daß es kein Entrinnen, keine Flucht mehr gibt: Ich bin dem Dunkel entronnen, habe die schlimmsten Depressionen durchgestanden, um mich dem Auftrag Gottes, meiner eigentlichen Lebensaufgabe, zu stellen und Ninive das Gericht anzukündigen. (Ch. SN)

Weherufe über Ninive

Wehe euch, ihr Reichen und Satten,
die ihr weder Hunger noch Durst habt
nach Gerechtigkeit,
sondern euer Wirtschaftswachstum aufbaut

auf dem Hunger und der Ausbeutung der Armen
dieser Welt.
Ihr werdet euch an euren verseuchten Lebensmitteln
überfressen,
ihr werdet ersticken an den Abgasen Eurer Wohlstands-
industrie.
Eure Seelen hungern schmachtend
inmitten des materiellen Überflusses
vergeblich nach erfülltem Lebenssinn.

Wehe euch, ihr Gottlosen,
die ihr nur die Kraft des Verstandes anbetet
und eure Allmachtsphantasien verehrt,
die ihr die Macht Eures technischen Wissens miß-
braucht
und unter dem Vorwand,
höhere Lebensqualität zu garantieren,
keine Experimente und Versuche scheut,
die ihr keine Grenzen vor der Achtung des Lebens mehr
kennt
und ein paar Tote statistisch mit einkalkuliert.
Ihr werdet an euren selbstgezüchteten Bakterien
zugrunde gehen,
zerfleischt werden von genmanipulierten Riesenwölfen
und zerstrahlt durch spaltbares Material
das durch einen Fehler austritt,
der euren Berechnungen entgeht.

Wehe euch, ihr Unbarmherzigen,
die ihr die Fremden in eurem Land
draußen vor der Tür eurer Häuser
und die euch fremde Meinung des anderen von nebenan
draußen vor der Tür eurer Herzen laßt:
Ihr werdet keinen Raum in der Herberge finden,
wenn ihr selbst einmal
Unterschlupf und Asyl braucht,
keine Tür wird sich eurer Not öffnen,

und nirgendwo werdet ihr ein Wort der Liebe finden
in eurer selbstgeschaffenen Einsamkeit.

Ninives Umkehr

Nicht alles haben wollen
und nicht aus allem Kapital schlagen müssen;
nicht immer nur auf den eigenen Vorteil bedacht sein
und nicht jedem Zeitgeist anheimfallen.
Standhaft bleiben
und treu, auch zu sich selbst.
Die eigenen Möglichkeiten nutzen,
Begabungen entfalten,
aber zugleich auch die eigenen Grenzen erkennen.
Macht nicht mißbrauchen
und Machtpositionen nicht ausnutzen
gegenüber denen, die abhängig sind.
Nicht auf Kosten anderer leben
und sich Menschen nicht gefügig machen
– auch nicht durch Geld.
Akzeptieren können,
wenn einer NEIN sagt,
und ihn dabei auch lassen können.
Sich für gerechtere Verhältnisse einsetzen,
auch wenn man dabei auf etwas verzichten muß.
Dafür sorgen, daß niemand sich selbst verkaufen muß,
sondern daß jeder Mensch auf dieser Welt
in Freiheit und Würde leben
und ganz er selbst sein kann.
Den Glauben bewahren,
daß das Gute im Menschen siegt,
daß die Hoffnung die Angst überwindet
und die Liebe stärker ist als Habgier und Macht.
Dazu befreie uns, du, unser Gott. (Ch. SN)

Ich wußte es ja! Ich habe es mir gleich gedacht, daß es letztlich so kommen wird. Darum wollte ich doch weg nach Tharsis. Denn ich wußte doch: Du bist ein gnädiger und barmherziger Gott, langmütig und von großer Liebe, und läßt dich des Unheils gereuen. Darum nimm mir doch die Last des Lebens ab. Ich will sterben. Ich sehe keinen Sinn mehr in diesem Dasein.

Was geschehen ist, fragst du?!

Du läßt sie laufen! Du läßt sie einfach laufen! Gerade so, als sei eben nichts geschehen. Als stände das Unheil, das sie angerichtet haben, nicht immer noch ungesühnt im Raum.

Ninive! Eine schrecklichere Vorstellung gibt es nicht: Arroganz der Macht. Diktatur des Militärs. Deportationspolitik. Genozid. Mord. Plünderung. Technischer Größenwahn. Ein Zynismus, der über Leichen geht. Ausgeburt des Bösen!

Und du läßt sie laufen!

Weil sie sagen, sie wollten umkehren. Weil sie sich für ein paar Tage in Sack und Asche hüllen. Kein vernünftiger Mensch kann das doch ernst nehmen. Verstehst du nicht? Sie sind nicht nur böse, sie sind auch klug. Sie gehen jetzt nur den Weg des geringsten Widerstandes. Und wenn die Gefahr, die sie richtig einschätzen, vorüber ist, werden sie wieder auf ihren alten Wegen wandeln.

Und selbst wenn sie wirklich umkehrten! Wenn sie sich wirklich besonnen hätten, wenn sie ihre Schuld annehmen könnten und in Zukunft neue Wege beschritten – was kein Mensch glauben kann –, aber selbst dann, frage ich: Was ist mit all den Opfern der bisherigen, menschenverachtenden Politik? Werden sie nicht durch diesen Freispruch beleidigt? Werden sie nicht dadurch noch einmal getötet? Gibt es denn überhaupt keine

Sühne? Müssen die Mörder denn nicht zur Rechenschaft gezogen werden? Müssen sie nicht in die Verantwortung genommen werden für ihre Taten? Wo bleibt die Strafe?

An diesem Widerspruch zerbreche ich. Ich will kein billiger, kleiner Rechthaber sein. Darum geht es mir nicht. Du hast mir den Auftrag gegeben, Ninive das Gericht anzusagen. Ich hatte Angst und wollte fort und konnte mich schließlich dieser großen Aufgabe doch nicht entziehen. Aber was ich von vornherein geahnt habe und was für mich viel schlimmer ist: Du läßt *mich* das Gericht ansagen und hast eigentlich ganz andere Gedanken und Ziele. Ich wußte es: Du bist im Grunde ein gnädiger und barmherziger Gott, langmütig und von großer Liebe, und läßt dich des Unheils gereuen.

Ich mußte es wissen, denn ich kenne ja unsere religiösen Traditionen. Damals, nach dem ersten Treuebruch unseres Volkes am Sinai beim Tanz um das goldene Kalb, als Mose seinen Kampf um das Überleben des Volkes gegen dich, den zornigen Gott, gewann. Damals hast du, gleichsam als ewiges Vermächtnis deiner Treue auch zu treulosen Menschen, dem Mose dein Herz offenbart. Du zogst an ihm vorüber und riefst: „Jahwe, Jahwe, Gott, barmherzig und gnädig, geduldig und von großer Güte und Treue – der da bleibt bei seiner Zuwendung auf tausend Generationen und vergibt Missetat, Sünde und Übertretung."

Von Anfang an ein Gott der verzeihenden, grundlos annehmenden Liebe.

Davon haben wir gelebt.

Ich wußte es, daß diese Liebe zu deinem innersten Wesen gehört. Aber was ich nicht wußte, was ich nur erahnte, als du mir den Auftrag gabst: daß du die gleichen Absichten des Friedens nicht nur mit uns, sondern auch mit anderen Völkern hast.

Versteh mich recht: Ich will nicht grundsätzlich auch anderen Völkern die Gnadenwürdigkeit absprechen.

Aber Ninive! Da kann es doch nur ein Entweder–Oder geben. Wenn du auf unserer Seite bist, dann weißt du: Wir sind grausam von ihnen verfolgt worden. Wir hatten unter ihrer Gewalt und Brutalität zu leiden. Wir sind ohnmächtig ihnen gegenüber und haben niemanden außer dir, nichts als die alten Lieder und Gebete, mit denen wir dich anrufen können, in denen du uns nahe bist. Das hält uns am Leben, unterscheidet uns von allen anderen Völkern.

Oder aber du bist auf ihrer Seite. Du läßt sie leben. Du wendest dich mit deiner Liebe ihnen zu.

Dann kannst du nicht bei uns sein. Dann haben wir dich verloren.

Darum will ich nicht länger leben. Du hast mich zum Handlanger deiner billigen Gnade gemacht. Das bringt mich mit allem, was mir bisher heilig und wichtig war, in Konflikt. Das halte ich einfach nicht aus. Deshalb laß ab von mir! Ich will und kann mich an einem solchen Geschehen nicht länger beteiligen! (G. L.)

Gottes Antwort

Jona, ich verstehe nicht, daß du so verbittert bist darüber, daß ich Gnade vor Recht ergehen ließ und Ninive verschont habe. Hättest du gern selbstgefällig unter deinem Rizinus gesessen und schadenfroh zugeschaut, wie die Stadt in Asche zerfiel? Ist das das Bild, das du von mir hast? Der liebe Gott ist dafür zuständig, die Guten zu belohnen und die Bösen zu bestrafen. Erst dann ist dein Gerechtigkeitsempfinden wieder hergestellt und deine kleine Welt wieder in Ordnung, nicht wahr, Jona, das meinst du doch?!

Und du selbst? Du stehst natürlich auf der Seite der Gerechten, ja? Du hast keinen Menschen totgeschlagen, du hast keine Arbeiter ausgebeutet, du hast keine fremden Frauen geliebt. Du bist doch eigentlich ganz in Ordnung, meinst du, Jona, der Mann mit der weißen Weste, der anderen Menschen die Gunst Gottes mißgönnt. Aber entschuldige, wenn ich deine Seelenruhe störe, lieber Jona!

Ich habe dir eine tiefe innere Berufung ins Herz geschrieben, deine Bestimmung, dein Lebensziel; ich habe dich von Anfang an in Anspruch genommen für meine Schöpfung, deine Welt. Und du wolltest fliehen. Vor mir – und im Grunde vor dir selbst. Du wolltest dich drücken. Mein Anspruch an dich war dir zu unbequem. Ich komme allein besser zurecht, dachtest du. Als wenn du dich deiner eigenen Bestimmung, deiner Selbst-Bestimmung entziehen könntest!

Habe ich dich vielleicht untergehen lassen, als dir das Wasser bis um Halse stand? Als alle Welt gegen dich war? Oder habe ich dich im Stich gelassen, als du von depressiven Dunkelheiten verschlungen wurdest und innerlich und äußerlich wie gelähmt warst? Nein, mein Lieber. – Aber du hast vielleicht nicht einmal gemerkt, daß ich es war, der dir geholfen hat, wieder festen Boden unter die Füße zu kriegen.

Und als du schließlich gemerkt hast, daß du dich – trotz all deiner Tricks – meinem Anspruch nicht entziehen kannst, bist du nach Ninive gezogen und hast lieblos und lustlos getan, was ich von dir verlangt habe … Du hast Ninive das Gericht angesagt: den Untergang von allem und allen Bösen auf dieser Welt – und das wäre dir im Grunde auch recht gewesen.

Jona, ich habe einen Verdacht: auf der einen Seite klagst du das Böse in der Welt an: die ungerechte Weltwirtschaftsordnung, die Herrschaftsstrukturen in aller Welt, die entmenschlichten Krankenhäuser und ein immer grobmaschigeres soziales Netz. Du redest darüber, kritisch, wie du es gelernt hast, du hältst sogar eine wohlfeile Predigt darüber. Aber ich fürchte, an eine verändernde Wirkung deiner kritischen Worte, deiner Appelle, Mahnreden und Predigten glaubst du letztlich selbst nicht. Im Grunde deines Herzens hast du nie wirklich von der Bekehrung Ninives geträumt, nie wirklich gehofft, daß das Böse wandelbar ist, nie wirklich damit gerechnet, daß Gerechtigkeit und Frieden die Welt regieren.

Und mehr noch, Jona: Ich unterstelle dir, daß du es im Grunde nie wirklich gewollt hast. Du hängst viel zu sehr an deinen Feindbildern, weil sie dir Sicherheit geben. Du weißt genau, gegen wen und was du bist, und verschaffst dir so ein gutes Gewissen. Du ziehst im Namen Gottes gegen das Unrecht zu Felde, aber mit meiner Kraft, mit der göttlichen Kraft des Heiligen Geistes, der die Welt in der Tat erschüttern und erneuern kann, rechnest du im Grunde gar nicht. Das Wort „Gott" ist bei dir zu einem leeren Begriff verkommen, zu einer verbalen Feiertagsdekoration. Aber ich lasse mir nicht von deinen bürgerlichen Ordnungsvorstellungen vorschreiben, wann, wo und für wen ich der ‚liebe Gott' sein darf und wen ich bestrafen muß.

Oder macht dir die Kraft meiner Liebe so viel Angst? Fürchtest du, orientierungslos und hilflos zu werden, wenn das Gebäude deiner Normen ins Wanken gerät?

Ich mute dir zu, Jona, meine Liebe zu allem und allen Lebenden zu ertragen und die Kraft der Vergebung auszuhalten, auch wenn sie dein Strafe-Sühne-Denken und deine Feindbildklischees aus den Angeln hebt. Das ist unbequem. Ich weiß. Es lebt sich viel leichter, wenn man immer genau weiß, für was und gegen wen man sein soll. Aber ich lasse dich nicht in Ruhe, Jona. Ich mute dir zu, dich von meiner Umkehr anstecken zu lassen und nach dem verborgenen Ninive in deiner eigenen Seele zu fragen. Wenn du erst den Balken im eigenen Auge entdeckt hast, dann lernst du vielleicht, etwas barmherziger zu sein mit denen, über die du so gern ein rasches Urteil fällst. Ja, Jona, das mute ich dir zu: auf diese Weise die Barmherzigkeit und die Liebe zu lernen. Ich mute dir zu, an mir und durch mich verrückt zu werden. Ich mute dir zu, die Maßstäbe, mit denen du urteilst und über andere richtest, zu verrücken. Ich mute dir zu, dich selbst ganz auf deine innere Lebendigkeit einzulassen und dir selbst ein paar Verrücktheiten mehr zu gestatten, anstatt sie an anderen zu beneiden und anzuprangern. Ich mute dir zu, deine Träume von einem heilvollen und gelingenden Leben, das nur für dich und deinesgleichen allein bestimmt sein soll, aufzugeben, um sie in die Wirklichkeit aller umzusetzen, um sie heute wirklich zu leben!

Das ist meine Utopie, meine Hoffnung, mein Traum für alle Menschen zu allen Zeiten: Eine Welt, die kopfsteht. Denn da beginnt der Himmel auf Erden!

Stell dir das einmal vor: Hitler wäre nach Israel gegangen, um in einem Kibbuz behinderte jüdische Kinder zu pflegen. Oder Stalin hätte amnesty international gegründet. Oder alle Machthaber dieser Welt würden den morgigen Tag zum Tag des Friedens erklären, und alle Nationen, Völker und Rassen würden auf den eingeschrotteten Panzern und Raketen ein großes Fest feiern.

Klingt echt verrückt, oder? (Ch. SN.)